Tres cuentos tristes

AGUSTÍN MONSREAL

Tres cuentos aproximadamente tristes

sb

México • Buenos Aires • Madrid • Bogotá • Quito • Lima • Santiago • Montevideo • Asunción

Tres cuentos aproximadamente tristes
Agustín Monsreal

ISBN: 979-13-87697-16-7

© 2025, Agustín Monsreal

© 2025, Sb Editorial

  España: Gran Vía 64 - 28013 Madrid
  www.editorialsb.es • ventas@editorialsb.es • +34 656 55 37 14
  México: Juan José Eguiara y Eguren 7 - 06850 Cuauhtemoc - CDMX
  www.editorialsb.com.mx • ventas@editorialsb.com.mx • +52 55 4925 9309
  Argentina: Salta 188, Piso 3 - C1070AAC Ciudad Autónoma de Buenos Aires
  www.editorialsb.com • ventas@editorialsb.com • +54 9 11 3012-7592

Director: Andrés C. Telesca (andres.telesca@editorialsb.com)
Diseño de cubierta e interior: Cecilia Ricci (riccicecilia2004@gmail.com)
Corrección: Marjorie Flores

Para Patricia Nasello

Para Ernestina Ramos Acosta

Gabriela Vizcarra

*Qué impotencia mayor que la del hombre
frente a las fuerzas de su propia naturaleza.*

*¿Qué, de todo esto,
forma parte de una experiencia central
de mi vida?*

*No puedo salvarme de mí,
pero tampoco de ti,
somos mi condenación.*

Índice

Bulmaro,
el que se murió de amor

A José de la Colina, i.m.

*¿Acaso no comprendes que al hombre
le es tan necesaria la desgracia como la felicidad?*

F. M. Dostoievski

1

Ayer murió Bulmaro, a pesar de que alguna vez acordamos ser inmortales.

2

Enloquecí, hermanito, de veras que enloquecí, decía la carta que me dejó Bulmaro a manera de testamento, me atiborré de confusión, y de miedo, de sentimientos de culpa, y supuse que ya no podría salir adelante: sin ella no tenía el menor sentido la vida. Me derrumbé, me hundí en el pozo más profundo. Renuncié a mí mismo. No encontraba ningún motivo para seguir de pie. No sé cómo le hice para levantarme cada día, para salir a la calle, para rumiar algo diferente a la soledad, a la pena, a la tristeza, para ver gente. Nos encontramos hace unos días en el café, ¿te acuerdas? Reír era fácil, aunque sentir que reía no lo era. Sentir que estaba vivo, escasamente podía sentirlo. Iba por aquí, por allá, sin idea, sin propósito. Me quedaba mucho tiempo en casa, pensando, recordando, llorando. Lloré, lloré demasiado, creo que te lo dije, sí, lloré todo lo que tenía para llorar en esta vida y en quién sabe cuántas más, en ocasiones me parecía que ya por fin estaba seco y de repente, por cualquier cosa, el lloradero se me destapaba de nuevo, terco, devastador, un frenético ataque doloroso que me dejaba peor que trapo viejo, inútil, infinitamente, obstinadamente desolado. Y no sé, sigo sin conocer si algún día podré salir del hoyo. Te lo digo por aquello que me aconsejaste acerca del olvido.

3

Bulmaro falleció sin nadie que le tomara las manos o le diera un beso en la frente a la hora de despedirse; murió solo, muy solitos él y su alma, como siempre quiso (a pesar de que juraba que era inmortal) o como pronosticó que habría de perecer; lo encontraron derrumbado entre la recámara y el baño del departamento, con la cara color oro viejo bien crispada y los brazos engarruñados sobre el pecho; el hedor de su cuerpo fue el que dio aviso; cuando rompieron la puerta y lo descubrieron tenía ya cinco días de muerto.

4

Sí, viví algún tiempo junto a Honorita, pero nunca sentí que estuviera en su vida, me dijo Bulmaro la última vez que nos vimos. Hacía apenas un par de semanas que su mujer, Honorita, se había ido. No me abandonó, sólo se fue, y él estaba que no levantaba el pico, abrumado de dolencias, convertido en un pergamino arrugado. Sólo tengo fuerzas para estar triste. Agotado y triste. Era mi amor, mi único grande amor, no voy a sobrevivir sin ella a mi lado, no voy a poder. Y no sobrevivió, pese a que yo le proporcioné algunos dos o tres consejos de los buenos para procurarse el olvido.

5

Antes de marcharse con sus dos bultos de cosas y a modo de despedida definitiva, Honorita Pescante le vociferó a Bulmaro, para que lo oyeran él y el planeta entero, que estaba bien podrido y sucio por dentro, que era un estúpido, un hipócrita, un desgraciado (ella que es de tan mal hablar, no le soltó un solo cabrón o un pendejo o un hijo de la gran chingada), que era un alcohólico del alma, un hombre malo, un hombre muy malo, y se largó manoteando y propinándole un empellón quítate de mi camino, idiota, no sin antes, en su furibundez porteña capaz en ese momento de cometer cualquier barbaridad, cualquier pedazo de locura, romper entre otras cosas menores que encontró a su paso, una licorera de cristal cortado herencia familiar de Bulmaro, un par de platos hondos, media docena de jarritos mezcaleros, el vidrio de su foto oficial de pareja y una reproducción del Guernica que adornaba la cara posterior de la puerta, la cual quedó pasmada, estremecida y temblando como para siempre. Cuando Bulmaro logró sacudirse el estupor, escapar del insólito estado de asombro en que se hallaba y salir disparado para detenerla, ella había desaparecido, engullida por la madrugada.

6

Dije malamente ayer murió Bulmaro; debí haber dicho ayer me enteré de la muerte de Bulmaro. Porque falleció antes, una semana antes, de la rotura de un aneurisma, según los dictámenes médicos. Y dicen que sí, que de seguro sufrió mucho. Pobre. Él, que tanto miedo le tenía al padecimiento físico. Me lo imagino sufriendo y casi no consigo soportarlo. Honorita se enteró después, quizás unos veinte o veinticinco días después. Se descompuso por completo y se soltó a gritonear fuera de sí, repitió hasta el cansancio que lo quería, lo adoraba desesperadamente, que si lo extrañaba desde el momento mismo en que se separaron, ahora lo iba a extrañar todavía más. (Mi vida ya no es vida, escribió él, ya soy puros recuerdos, pura añoranza, una pura sombra que se consume en la sombra). Era un hombre bueno, tan bueno, concluía Honorita, como si tratara de remediar alguna culpa, y como si sus amigos (yo más que nadie) no lo supiéramos. Hasta el último minuto, hasta su último suspiro, al parecer, Bulmaro lisonjeó inútilmente la esperanza de que ella regresara a su lado, porque estaba seguro de que habían sido hechos el uno para el otro, igualito que en las películas de amor. Aunque lo nuestro siempre fue una felicidad entera, admito que también fue una felicidad desesperada, un mal sueño de los que nunca acaban de disiparse, apunta Bulmaro en alguna página del cuaderno en el que escribía una suerte de diario y que sus allegados consideramos su legado sentimental.

7

Nos juntamos los amigos en el café para recordar a Bulmaro, que ha fallecido. El que más, el que menos, posee alguna memoria inverificable pero muy digna de él. Cosa curiosa, no pocos de los recuerdos tienen que ver de cerca con esa pasión extrema que sentía por Honorita, su mujer. La que fue su última mujer, y sin duda, por la edad, por la acumulación de sus años, la que le atrabilió con mayor fuerza la voluntad del corazón. O quizá, sencillamente, porque Honorita, dicho sea con el debido respeto, es una hembra de las que no se topan en la existencia por docena. Buena de ser y estar. Además simpática, luchona, muy apoyadora. Bueno, siempre y cuando no anduviese con el genio alrevesado, porque eso sí, si la agarraba con los apellidos volteados de cabeza, puritito arder Troya y sálvese el que pueda. Con nosotros los amigos no, por supuesto, con ninguno, ninguna majadería o falta de educación ni nada por el estilo. A Bulmaro era al que se le venía encima la pesadez ballenesca de sus furias y sus enfados, y no había poder humano que lo pusiera a salvo de ellos. Sí, a todos (me atrevo a decir que a mí más que a cualquier otro) nos tocó presenciar uno de aquellos rudísimos e incontenibles episodios alguna vez. Ay pobre Bulmaro, a ratos pagaba muy cara su apropiación de la dicha.

8

Cuando andaba con el ánimo de buenas, a todos nos causaba envidia la adoración que Honorita sentía por Bulmaro, cómo le acariciaba la nuca o los brazos, cómo lo atendía, cómo no tenía pupilas ni modos más que para él. No hubo una reunión de amigos, una fiesta o una salida a tomar café donde no presenciáramos aquello. Ella volcada amorosamente encima de él y él dejándose querer con un orgullo que a los demás, hombres y mujeres, nos repercutía en el solo vernos en nuestras relaciones cansadas, pobrísimas, insuficientes, y calarlo a él absorto en la contemplación de su mujer, con esa inocultable vanagloria, y a su mujer tan fresquesita y alegre, tan empalagosa a cualquier hora, y con esa risa auténtica y grande que relampagueaba y nos contagiaba a todos, nos fulminaba con su preciosura. La cuestión es que daba placer del genuino verlos, contemplarlos tan enteramente amacizados queriéndose, complaciéndose, dándose la vida, recreándose cada día en las múltiples habilidades y circunstancias de su felicidad.

9

Yo, testigo fiel de su dicha, veía el entusiasmo sexual con que Bulmaro miraba esa blanca carne enamorada que le pertenecía, que cedía a la presión de sus labios y de sus manos, de su cuerpo que le suministraba al cuerpo de Honorita el sabio placer que ella requería con urgencia, con desesperación, con angustia, ese placer que él y sólo él le proporcionaba cubriéndole todos sus antojos y él a su vez era satisfecho por ella en cada una de sus fantasías. Yo, observando cómo la contemplaba, cedía a los oprobios de la secreta avidez, la sorda apetencia. Y comprendía cuánta razón tenía al decirme, en íntima confidencia, que Honorita lo había renovado, le había rejuvenecido las ansias, los deseos, la potencia, la pericia, el firme ardor sostenido hasta que ella gemía ya ya ya mi amor amor mi amor, y dejaba escapar un suspiro sonriente, atrabiliariamente gozoso. Quizá, o sindudamente por eso, es que siempre estaba lista y dispuesta y sin mucho esfuerzo lo alistaba y lo disponía a él. Un día, no sé si fue un error de Bulmaro o mío, el caso es que le adjudiqué a Honorita, de manera fugacísima, una ojeada distraída, una mirada distinta; él se dio cuenta y yo advertí que lo había notado; pero no pasó nada, si acaso que mientras yo me vi con una actitud de criminal que implora alguna coartada, Bulmaro, en lugar de ponerse frenético y armar una escena de aquellas, me pasó el brazo por encima del hombro, de seguro tragándose una cucharada de algo muy amargo y, para que yo no sintiera vergüenza ni culpa por la traición de mis ojos, me palmeó la espalda. Ella continuó haciendo lo que hacía como si tal cosa, con la mayor ingenuidad del mundo. Nunca supe si conoció el porqué de esa expresión de amistad por parte de Bulmaro.

10

La trataba como si él fuese un maestro o un hermano mayor, con ese tipo de afecto, pero ella quería ser tratada de otra forma y se le acomodó de un modo diferente, así que cuando él se dio cuenta ya la tenía viviendo a su lado y ya todos en el edificio y en el barrio sabíamos que eran pareja, marido y mujer, como le gustaba presumir a ella. Lo primero que hizo Bulmaro desde el primer día, fue dotarla de un juego de llaves de su departamento, para que Honorita lo sintiera también suyo, para que lo sintiera como su propia casa y que podía ejecutar en ella lo que le viniera en gana. Y, en efecto, se aplicó a hacerlo, a modificar la facha de la cocina, la recámara, el comedor, la sala, el baño, el armario, en ese riguroso orden y prioridad, para que se advirtiese y se experimentara el suavísimo toque femenino, la mano y la fragancia de mujer que debe destacar en cualquier espacio de dos. Y de a poquitos, ahora un mueble por acá, un brochazo de pintura por allá, algún adorno, un marco plateado con la primera foto juntos, unas cortinas nuevas (era inaudito que él no las hubiera cambiado nunca), fue poniendo la casa respetable, bonita, con buen aspecto para recibir, reluciente. Bulmaro padecía lo suyo pues era bastante gastadero, aunque la verdad no le importaba, tenía algunos ahorros, y para demostrarlo salían de viaje a cada rato: él, aprovechando los descuentos para maestros universitarios retirados, y ella explorando los mejores precios en aviones y hoteles, de manera que iban de una luna de miel a otra, fascinados. En esas primeras épocas no había ni sospecha de lo que comenzó a aparecer más tarde en cuanto a ese carácter de bordes afilados de Honorita y a los celos y las intolerancias de él.

11

Confundidos y alegres sus olores de hombre y mujer, orgullosos de las alturas que alcanzaban olvidados del mundo que los rodeaba, pronto se les hizo costumbre la peripecia de formar un solo cuerpo de sus cuerpos, como quien de la juntura de dos palabras configura una sola. Así desde que ella colocó sus ojos en él y él puso sus pupilas en ella. Bulmaro se consideraba, no sin algo de arrogancia, indigno de tanta felicidad. Por eso cuando ella se fue definitivamente (al principio no se fatigaba de repetir, con esa su entonación de sirena enamorada, que al fin había encontrado el amor decisivo) y él nomás no lograba ocultar sus horrendos padeceres, sus amigos (yo, principalmente) apostábamos a que muy pronto se le pasaría aquel ataque de romanticismo adolescente, aquellas agudas crisis de dolor, y asegurábamos, como expertos en el asunto, que ella sufría igual que él, y quién quita y hasta más que él.

12

Un tarde, de la forma más natural, Honorita empezó a salir sola, por su cuenta, y se perdía durante horas, le decía a Bulmaro que se iba a caminar, o al cine, o a tomar un café; a Bulmaro el asunto no le gustaba nadita pero no creaba conflicto por ello y una mañana, sólo como comentario casual, ordinario, le expresó su desacuerdo con la situación y fue cuando Honorita se extrajo la casta alebrestosa que guardaba dentro y acusó desagradable, muy feamente a Bulmaro de ser uno de esos machos a la viejísima usanza y lo tachoneó de controlador y manipulador y alardeó que ella jamás iba a consentir tamaña ofensa y se largó de la casa por primera vez. Las otras

ocasiones pasó más o menos lo mismo: Bulmaro declaraba su obje-
ción a cualquier nadería y ella se desaforaba y aquello se convertía
en una tormenta de alaridos y de insultos que no venían al caso y se
mudaba al depa de su hermana, con la amenaza de no regresar nunca
porque ya estaba fastidiadísima y cargaba con todas sus ropas y sus
zapatos y sus arreglos de maquillaje y de baño. Al día siguiente o a
los dos o tres días a más tardar, le hablaba por teléfono, lo saludaba
cómo estás y agregaba yo estoy muy triste y le suplicaba si podía volver y Bulmaro le respondía que sí, por supuesto, no necesitas pedír-
melo, bien sabes que eres la señora de esta casa, y Honorita traía de
nuevo sus envoltorios de cosas, y así y asá. Cada regreso, además de
repetir innumerables veces la palabra perdón, aseguraba que iba a
cambiar pero que Bulmaro también tenía que cambiar, pues el ser
tan autoritario no los ayudaba en lo absoluto, nadita a ninguno de
los dos. Esas fugas intempestivas y dolorosas de su mujer, Bulmaro
las calificaba de "percances".

13

En varias ocasiones rehuyó la tentación de victimizarse; unas, porque
dramatizar sus diferencias personales con su mujer rebasaba su pudor;
las otras porque no le creíamos o porque le acumulábamos monton-
citos de burla a su dicción de profesor universitario, cuidadosísima,
tendiente a la perfección, muy cautelosa del ridículo, y que él había
vuelto dechado de quejumbres porque Honorita dejó de ser llama de
su mismo fuego. Incluso lo más bueno ya resultaba de lo peor, y la raíz
del dolor le amargaba la voluntad de la sonrisa. Carajo, hermanito,
te trae como carpa de circo antiguo, le fastidiábamos el duodeno con
esta comparación, que él repudiaba y que nosotros, pesadumbrosos,
lamentamos bastante en serio la tarde que nos reunimos en el café de
costumbre para rendirle homenaje a su memoria, pues ninguno de sus

amigos, porque todos ignorábamos el aciago deceso, asistió a despedirlo el día que en ignominioso anonimato lo cremaron. Y mientras "los viejos zorros" hacíamos un puntual recuento de anécdotas, entre abundantes nostalgias, bromas imbéciles y viriles pucheros, Honorita, a esa misma hora, sola, muy sola en algún desesperado rincón del depa de su hermana, lo estaría llorando sin remedio, inconsolablemente, eso lo podríamos jurar.

14

No es que fuera un tonto ni un ingenuo ni un iluso, pero Bulmaro era hombre de una sola mujer, sin reservas, sin anacronismos, sin cautelas, hombre íntegro para entenderla y atenderla en sus necesidades, sus ocurrencias, sus caprichos, en lo que ella ideatizara menos en eso de andarse pisoteando la sombra ella misma y frente a cualquier amenaza de tormenta salir corriendo de tan afrentosa manera, semejante a endemoniada o algo parecido; en eso jamás le siguió la corriente, no le entraba en la cabeza, no le cabía acostumbrarse a ese ser y no ser, ese estar y no estar, juntarse y desjuntarse, viento que se escabulle, nube que desflorece, lluvia que es propiedad de uno y de repente se larga y después como cosa de magia de luna mala, vuelve. Una presencia que nunca terminaba de pertenecerle, desde este confín hasta el otro, de forma entera como cualquier hombre quiere, y más siendo hombre de una sola mujer, una sola, como ya expresé. Y una tan especial, pues con mayor razón. Digo yo.

15

Fueron cuatro las fugas primeras de Honorita; la quinta fue la última y la vencida. La que los derrotó y ensombreció definitivamente. La que ya no sostuvo un tantito así de esperanza ni de remedio y terminó siendo demasiado y acabó con la vida de Bulmaro.

16

Honorita conocía muy bien el idioma de las lágrimas y echaba mano de él cuando se le agotaban los argumentos rijosos y las palabrerías de lenguafloja. Lagrimitas de mi corazón, nos decía Bulmaro que le decía, y ella puchereaba más y le exigía abrázame y lo que había comenzado como batalla culminaba en una larga jornada de amor que cantidad de veces, se pavoneaba él, parecía interminable, y después perduraba en la memoria del cuerpo convertida en una alegría que iba mucho más allá del goce físico. Pero su esencia, se quejaba Bulmaro, la verdad de su vida, eso se lo excluyó siempre. O él no supo comprender que aquella alegría era la verdad simple y absoluta, que aquella risa limpia y espontánea, bella, lo era todo. Y ella se la brindaba a él, era de él, sólo para él.

17

La primera vez que Honorita salió mal y de malas del departamento de Bulmaro, la reconciliación se debió a una coincidencia de lo más insólita, un verdadero regalo del azar. Me consta porque lo viví, y confieso que si me lo hubieran contado, no lo habría creído ni tantito siquiera. Bulmaro y yo andábamos vagabundeando con las manos en los bolsillos del pantalón de acá para acullá por las calles del centro y de repente, pácatelas, que nos topamos con Honorita, ella andaba igual de despistada pero en cuanto lo divisó se iluminó de pe a pa y no pudo ni quiso refrenarse y se le echó encima y con el mayor entusiasmo del mundo le plantó en plena boca un beso formidable, estupendo, prodigioso, y espectacular, tantísimo así que la gente otro poco y se pone a aplaudirles. Cuando se separaron, lo admiró como con ganas de comérselo completo, lo cogió del brazo y le dijo luego hablamos, pero ahorita voy contigo a donde tú vayas. Hasta entonces advirtió que yo también estaba allí y con una expresión linda, muy amigable, melindroseó: Hola, Lisandro. Y yo, en lugar de hacerme a un lado y dejar que continuaran solos, me fingí el desentendido y seguí jugando el papel de sombra caminando junto a ellos. De cualquier modo aquel día no tenía yo ningún quehacer, ninguna ilusión, ni una mísera esperanza con que entretener mi tiempo ocioso. Y aquella casualidad tan categórica dejó de significar, también para mí, un indicio, una señal, una sencilla proximidad, y se convirtió en una paciente convicción.

18

Aquella madrugada del cataclismo, del infernado derrumbamiento final, Bulmaro despulmonó a mansalva y con toda la rabiosidad de que fue capaz, el nombre de la insensata enfermedad que Honorita padecía, se la echó en cara impiadosamente, la desembuchó con brutalidad, con un resentimiento abominable; por eso pensaba, y con razón y justicia, que esta vez no volvería, porque se trató de una cobardía sin vuelta de hoja, una infamia superlativa, una atrocidad que a él mismo lo desgarró en sus adentros, una verdad inútil, que cancelaba cualquier posible redignificación, cualquier perdón.

19

Más allá de los tantos chismeríos y las charlatanerías que se soltaban como agua en tiempos de lluvias y se amacizaban como engrudo espeso, a Bulmaro quién le iba a desmenuzar algo que no conociera de cabús a cabo. Si comenzaba ya a no ser él. Se estragaba, se resumía, se iba quedando memoria ingrata de lo que fue, reducido a un misero desconsuelo, una lágrima de nunca acabar, una ensoñación fabricada con nervios rotos, un alma partida en muchísimos pedazos imposibles de juntar de nuevo. Uno lo miraba y sentía lo que es el dolor del cuerpo ajeno, sentía lo que es sentir cuando el cuerpo ya sólo es ausencia, cuando en el cuerpo se advierte que ya nada importa. Ahí se estaba nomás, triste, desacompasado, como si el corazón no le sirviera más, de tan escoriado como lo traía, de tan averiado por la desgarradura de no tenerla, de no ocupar ya un lugar en la vida de Honorita, de carecer de todo sin ella, de hundirse en los abismos del limbo, desquiciado de ímpetu para intentar ponerse en pie de nuevo. Y los que lo queríamos habilitábamos la misma pregunta: ¿Hasta qué punto sería capaz de aguantar, de soportar la carga de tanta infelicidad? Le desconocíamos el semblante. No poseíamos ni la más ínfima idea de qué hacer. Le persistíamos: ¡Ánimo! ¡Resiste!, esas vaciedades torpes que se recitan ante los aflojamientos del corazón y que nunca sirven de nada. Para él no existía sino una sola persona. Y el mundo entero a su alrededor sabíamos de quién se trataba. Pero conocer un misterio no necesariamente equivale a comprender una verdad.

20

Hacer noche en el hermoso cuerpo blanco de Honorita (se atrevió a urdir infinidad de oportunidades mi imaginación) ha de haber sido para Bulmaro, mi amigo, una suerte de conmoción, de vértigo celestial. Tasajeada y todo, nunca he conocido una felicidad semejante a la de esos dos.

21

Honorita tiene un carácter que es un subeibaja impredecible, ora está en la cumbre de la contentura y de pronto ya está hecha calamidad y media por lo lenguaraz y por los manotazos que suelta al aire alegando y maldiciendo y en un dos por tres, con la mismita insospechada vehemencia, ya está que brilla de nuevo, fulgurante, graciosa. En varias ocasiones me tocó atestiguar este desconcierto, y de veras que es insufriblemente feo. Sin embargo, eso no es nada, se apesadumbró Bulmaro con resignación, cuando transcurre así nomás porque sí de la risa absoluta a la bronca extrema, entonces sí que se te derrumba todo el peso del infierno encima. Te juro que si no fuera porque es el orgullo más grande de mi vida, no la soportaría. No sé si con amistad o con rencor, pero le tuve lástima cuando me lo dijo.

22

Yo conocía las costumbres de Bulmaro pues eran muy semejantes a las mías: ir a dar clases por las mañanas (en un colegio particular), y por las tardes leer en algún café o en un parque; algunos fines de semana el cine, una exposición, el teatro. No mucho más allá de eso. Honorita en cambio se volvía loca por la fiesta, no el mero escándalo ni la bulla gratuita, sino las reuniones de amigos, la platicadera sabrosa, el intercambio puntual de ideas, la discusión acalorada, era buenísima para alegar y defender posiciones, le encantaba siempre tener la razón, eso por sobre cualquier otra cosa: tener la razón. Y el control. Tener todo bajo control era una especie de adicción en ella. Y cuando no lo conseguía, cuando le tocaba perder, su recurso o su defensa era ponerse a llorar. Y lloraba y lloraba y le imploraba a Bulmaro que la abrazara, fuerte, y él, cual cachorrito sumiso, la retenía en sus brazos y le susurraba Lagrimitas, ya, Lagrimitas de mi corazón, como si aún fuese su maestro o como si fuera su hermano mayor. Es cosa inaudita de veras, comentábamos sus amigos con admiración y codicia, con esa envidia que despierta la felicidad ajena, se abrazan y se transfiguran, tal parece que se iluminan y su abrazo los aísla, los preserva, los embellece: ellos pertenecen a una realidad muy diferente a la común, eso que ni qué. Y ella le suplicaba, le insistía, le exigía, entre enardecida y gloriosa, abrázame fuerte, abraza muy fuerte a tu mujercita. A tu mujer. Ah, y cómo le impulsaba los ánimos a Bulmaro oírla decir eso: Tu mujer. Tu mujer. Lo musitaba en un tono tan íntimo, tan aterciopeladito que hasta la hora más pálida del día resultaba en la boca de Honorita solecito de verano. Era (es) una hermosísima hechicera benigna.

23

Sí, qué hubiéramos dado por haber tenido oportunidad de lamentarnos y llorar en el funeral de Bulmaro, pero no lo hubo, como tampoco tuvimos una noticia pronta de su muerte. Y por eso nos quedó como lijando el gusanito del resquemor, porque se trataba de un hombre muy apreciado, muy querido, pese a que en los últimos tiempos se había desprendido mucho de casi todos nosotros, y es que "la presencia de Honorita es un milagro que me ha resucitado. Así lo adiviné y lo constaté desde el principio. La veía, la escuchaba, la acariciaba y la vida entera se me convertía en certeza. El amor, pues. Ese amor que con el puro roce de su aliento te llena todos los vacíos, te inflama todos los deseos, te desecha todas tus innúmeras flaquezas. Y te pone de pie ante la existencia. Te certifica en el universo". Una pena enorme que el pobre Bulmaro se haya muerto sin avisarle a nadie. Que se haya ido así nomás, tan agarrado apenasmente de su propia nada, tan inmerecidamente solitario.

24

Dedicado a la pacífica y terrible encomienda de aguardar el regreso de Honorita, las veces que Honorita se distanció de la casa, Bulmaro semejaba un sol apagado, y cuando ella por fin volvía, entonces se pasaba días de tiempo completo semejante a pavorreal enamorado, entre el fascinado fervor y la vanidad locuaz. Las razones de su franca veneración se reducían a una sola: la amaba de una manera infinita.

25

"Se fue y todo en mí extravió su tiempo, su valor, su sentido. Mi voluntad se dio ya por vencida. Se inutilizó. Honorita significaba la última exaltación de mi destino. Ilusiones quemadas, devastación, ruina, desesperanza, no queda nada más. La perdí por completo. Soy tan desdichado. Sufro."

26

Aquel irreparable error dio pie a la ira de Honorita, que lo tachó de cosas innobles, lo insultó, lo embistió furiosamente, causó un desastre rompiendo cosas y, descalza y desgreñada, se largó aporreando la puerta. Desde ese momento, Bulmaro supo que esta vez sí se había ido para siempre, igual que si se hubiera muerto. Lo que ignoro si llegó a saber es que, más pronto de lo que supuso cuando me lo dijo, el que se moriría sería él a causa del desprecio irreversible de su mujer. Aquella su mujer que él premeditó a lo largo de su vida, ilusión que se le volvió verdad en la etapa de su madurez y que duró a su lado muy poco tiempo, yendo y viniendo a la manera de un sueño que se repite y repite, inacabable, tenazmente. Infeliz y triste, obcecado y triste, inútil y triste, Bulmaro murió sin haber podido limpiar su falta ante Honorita, y redimirse.

27

Miserable, desgraciado, papel que se quema y se arruga, globo que se desinfla, ya no prestaba atención a nada, a nadie. Estaba como anestesiado, como hipnotizado por serpiente, ido de este mundo, luido en un silencio de pariente pobre que se sabe de más en cualquier sitio. En la vida. Ya no le servía ninguno de los ingredientes de la realidad. Se hundía en el vacío total. Físicamente, había perdido movilidad, se había aquietado a un punto extremo. Su cuerpo a cada momento más encogido, y doblado; su semblante entenebrecido, como una antorcha a punto de extinguirse; su ánimo, el de quien cierra una puerta y se da cuenta que no la va a volver a abrir. Había tomado conciencia completa de la separación. Y Honorita seguía intacta en él, eterna. Y la culpa, y el remordimiento.

28

No, querido Bulmaro, con nosotros tus amigos no tienes de qué avergonzarte, ni de tus nervios trizados de los últimos tiempos, ni de lo que sucedió con Honorita, ni de tu deceso a espaldas de quienes te queríamos y hubiéramos dado cualquier cosa por acompañar tu realidad final. Así que estate tranquilo, Bulmaro, donde estés. Tu memoria de hombre bueno está muy por arriba de cualquiera de las vicisitudes o los senderos torcidos que hayas transitado. El tamaño real de un hombre se mide por sus trazos indelebles y no por sus tachaduras; por la rectitud de su pensamiento y no por el desliz de sus garabatos. Tu historia particular es infinitamente más rica y noble que la de las gentes como nosotros, pero con todo y eso ya te acomodamos cada uno en una parcelita de nuestra verdad interna y formas parte ya del agudo empecinamiento de nuestros recuerdos y también, por qué no, de nuestra nostalgia. Hemos dicho.

29

Bulmaro tenía 60 años al morir. Honorita tiene 45.

30

Anoche me fui a visitar a Honorita para tratar de reparar el daño. Le solicité perdón a nombre de Bulmaro, le confesé la verdad de mis sentimientos guardados durante tanto tiempo y le dije: ¿Quieres acompañarme en el último tramo de mi destino?

Los conversantes
o una calamidad sin resolver

A Juan de la Cabada i.m.

La vida es la única fuerza
para extraer tragedia de nosotros.

Laurence Durrell

—Usted disculpe la imprudencia de la hora.

—No, no, no. Pase. Adelante.

—¿No es demasiado tarde?

—Por favor. Nunca es tarde para los amigos. Pase usted.

—Gracias. Con su permiso.

—¡Qué milagrazo! Ora sí que años sin vernos. ¿Dónde se me escondió, oiga?

—Pues por ahí, en los entretelones de la vida. Pero aquí estoy de vuelta.

—Me alegro mucho, de veras me da gusto verlo. Y que me haga el favor de su visita, más todavía. Usted sabe cuánto lo aprecio.

—Gracias, Bartolomé, le creo. A mí también me da mucho gusto.

—Pues dígaselo a su cara. No, disculpe, ya sabe que me da por las bromas. Dicen que es por los nervios.

—Sí, ya sé. Digo, lo de que es usted algo bromista. Y eso a mí me viene muy bien.

—Lo que pasa es que, la verdad de la verdad, lo miro desmejoradón, como entelerido. Se carga usted un gesto lastimoso de andar solicitando auxilio que no vea, parece perrito atropellado, ¿pues qué se trae, hombre?

—Es que, aquí en confianza, nomás no puedo levantar el pico desde que me abandonó mi mujer.

—Ah, caray, eso suena como asunto grave.

—Sí, vaya si lo es, pega muy duro.

—Me imagino. ¿Y cuánto hace que la paloma voló del nido?

—Hará cosa de cuatro años y tres meses.

—¡Por Pierrot y Colombina! Está todavía calientito el cadáver, como si dijéramos.

—No sea impiadoso. Lo que pasa es que la quería, bueno, la quiero mucho.

—¿Y por qué lo dejó? Digo, si no es indiscreción.

—Bueno, en realidad no me dejó. Yo la corrí.

(Lo que nos faltaba. Esto sí que es increíble).

—¡Por Lanzarote y Ginebra! Visto así, pues ya es humo de otro incendio. ¿Y por qué la corrió? Si se puede saber.

—Porque bebía demasiado.

(¡Vaya ridiculez!
Pronuncias el cargo inverosímil,
declaras genuina la sentencia y la ejecutas.
¡Cómo te trampeas a ti mismo!)

—Óigame, pero si mal no recuerdo, usted también bebe en cantidades industriales. O bebía, al menos.

—Sólo que yo con modestia, e invariablemente con absoluta moderación. Repudio los excesos.

(Siempre con los filos de la hipocresía por delante.
Eres un deplorable corredor fuera de la pista.
Pero yo no soy una afrenta ni una desgracia;
soy una luz intensa, un deslumbramiento,
y eso es lo que te incomoda, te fastidia, te ofende).

—Y no le podía seguir el paso, entiendo. A propósito, ¿le apetece una copita? Sólo para remojar la plática.

—Se la acepto, claro. Si no es molestia.

—No, para nada, qué va a ser.

—Salud/salud.

—Mentía sobre la bebida, utilizaba estratagemas cada vez más rudas y endebles para tratar de engañarme, para soslayar lo que rebasaba cualquier evidencia, era una especie de secreto sagrado y no se mencionaba siquiera. Antes, fluía con majestad, clara y serena, embellecida con un sinfín de alegrías e ingeniosidades, dominante unas veces, otras apaciblemente rendida. Ahora consumía las horas en un estado de vaguedad y fatiga, como quien anda entre escombros de guerra. Y eso ensombrecía mi humor, la estatura noble de mi deseo, me oscurecía los ánimos por entero. Así que acabé desarrollando una paciencia alerta, me volví tolerante en extremo con la vulgaridad de sus insolvencias, sus extravagancias, sus falsías, sus omisiones. El engrudo del resentimiento se había enconado en mi fuero interno y comencé, sin apenas darme cuenta, a odiarla.

(Yo estaba ciega, no veía la realidad,
no alcanzaba a ver que habíamos fracasado,
y que nos estábamos hundiendo en la mentira,
en la indignidad, en la abyección,
y si lo veía, no lo aceptaba;
quería creer en ti y en mí,
y por eso no abría los ojos a los indicios de escarnio enfrente mío,
ni a los timbres de alarma que se multiplicaban a mi alrededor).

—Uf, qué cosa tan declaradamente infeliz.

—Se me ocurrió que usted sería la persona indicada para esto, para hablar de esto. Le cae perfecto a mi necesidad. ¿Me permite que continúe?

—Claro que sí, por supuesto, hasta la pregunta ofende.

—No sabe cuánto se lo agradezco.

—Siga, siga nomás.

—Salud/salud.

—Depresión, euforia, un eterno subeibaja. El más ínfimo episodio a su lado se convertía en un purgatorio espantoso. Y obvio, la totalidad de nuestro amor terminó en desastre. Un desastre obsceno.

(¿Qué esperabas de mí, eh: obediencia, mutismo, sumisión?
Ser objeto y adorno, tapetito bordado,
figura decorativa cultivadora de farsas y delicias,
es una postura que me repugna,
bien lo sabes, lo supiste desde un principio).

—¿Qué quiere decir con eso?

—Me refiero a esa su enfermedad, que la colocaba de rodillas en la vida y a mí me puso más de una vez a punto del colapso nervioso.

(Ay, pobrecito Emilio.
Dime, querido, ¿nunca te harta o te subleva,
ni un tantito así, ser siempre la víctima,
la inocente mejilla donde vienen a estrellarse todas las bofetadas?
¿No te avergüenzas de ti, ni de tus sucios embustes?
¿Nunca irás a descrucificarte?)

—¿Sabe qué? Me gustaría poder sentir lo que siente usted.

—¿Y para qué?

—Para sentirlo, nada más. El odio, por ejemplo, o eso de traer los nervios a remolque. Y bueno, quizá para entender un poco mejor lo que me dice.

—No se lo recomiendo. Es algo muy desagradable, es como una cara linda llena de granos, o como el aliento putrefacto en una boca bonita, o como esas noches de insomnio en que le parece a uno que el día jamás va a llegar. Además, lo que me atormenta a mí, puede que a usted ni lo despeine.

—Y, sin embargo, me lo cuenta.

—Es que traigo el buche semejante a caldera a punto de explotar.

—¿Y con autoconmiserarse ya se alivia o qué?

—No precisamente, lo peliagudo de mi drama es que no dejo de pensar en ella, todo el tiempo pienso qué andará haciendo, con quién estará, si se acordará de mí, si regresará alguna vez. Piense y piense, y revolcándome de angustia. Un auténtico desgarradero, una espina encajada aquí en mi cabeza.

(Muy merecido lo tienes,
y bien sabes que ni muerta volvería contigo.
Aparte de mezquino y usurero,
eres un desvalijador, un saqueador)

—¡Por Abelardo y Eloísa! Oiga, ¿y le gustaría…?

—Salud/salud.

—¿Qué cosa?

—Olvidarla para siempre. Desafanarse de ella de una vez por todas. Quitarse la corona de espinas.

—No es una corona de espinas, es una sola, muy puntiaguda, eso sí, y grande.

—Bueno, bueno, ¿le gustaría extraerla, extirparla de raíz, arrancársela por completo?

—¿Como si fuera un chipote con pus, o una muela?

—Sí, ándele. Una muela podrida.

—Pero ella era hermosa, es hermosa todavía, muy hermosa.

—Me da risa.

—¿Qué le da risa, Bartolomé? ¿Mi sufrimiento?

—No, su encaprichamiento, por decirlo de un modo benévolo. Cómprese un gato.

—¿Un gato?

—Sí, ya sabe, uno de esos bichos peludos que le andan a uno entre las piernas. Para que tenga compañía. O un perro, chiquito de preferencia.

—Un perrito…

—Ajá. Sirve para acompañar a quien cicatrices suele vestir. Qué frase me salió, eh.

—Es cierto. Sí, tal vez sea cierto. Aunque no. Nunca he sido animalero. Y en realidad, ¿qué importa? ¿A quién le importa si me crispo o me entristezco?

—¡Por Paris y Helena! Estamos lucidos. Ya, hombre, déjese de historias.

—Lo que me pasa, sabe, es que duermo mucho.

(¿Y a qué viene este nuevo sinsentido?,
¿qué diablos tiene que ver?
Otro más de tus disparates egoístas,
producto de tu cada día más demoledor desequilibrio nervioso)

—Dichoso usted que duerme. Hay quienes no pueden pegar pestañas en toda la noche, aunque se inunden de borregos o se pongan a descifrar cartas de navegación del siglo XVII. Y mire que se lo digo yo.

—Bueno, le diré, yo sé que es usted gente de fiar, Bartolomé.

—Sí, se lo agradezco. Dígame, vamos, suéltelo.

—La verdad es que… me olisqueaba.

(¿Qué?)

—¡Qué!

—No se ría, Bartolomé, se lo suplico. No se ría.

—No, cómo cree, no me río. Explíquese, ándele.

—La cuestión es que me daba un trato insultante, de repulsa…

(¿Que qué? ¡Mientes!
Nunca te dejé de mirar, de tener atenciones contigo, de considerarte.
Con qué disposición, con qué ánimo alegre te festejaba,
nutría tu cuerpo y tu espíritu, te cuidaba.
Era tu mujer, tu ama de casa, tu asistente, tu enfermera,
todo junto en el mismo paquete y con la misma lealtad y franqueza.
¿Qué más querías de mi amor, de mi entrega, de mi veneración?,
¿qué más, por Dios santo, dime qué más?

No, de veras que no tienes remedio, Emilio, infame de ti.
¡Púdrete!)

—… como si fuese yo sólo un cacho de desperdicio; cada que nos tocaba hacer la intimidad, los martes y viernes por lo general…

—Dos veces por semana.

—Sí. Dos veces. ¿Es poco?

—No. Está bien, bastante bien. Siga, siga…

—Pues verá usted: se me acurrucaba, me olisqueaba, fruncía la nariz y torcía la boca como con asco, como si oliera una zorra muerta, como si en mi piel se juntaran todas las pestilencias de este mundo, cual si mi cuerpo entero fuese una caverna fétida, cual si fuese yo un enfermo contagioso, o uno de aquellos bichos de mar plagados de aguijones, y me repelía: Pero antes tienes que bañarte. Y así cada que hacíamos la intimidad, era una verdadera humillación, un castigo.

(¿De dónde sacas esa patraña, Emilio?
Es alevosía pura lo que destila tu lengua en llamas.
¿Dónde dejas los largos juegos de la carne
con que nos endulzábamos las claridades del placer?
Largos y jugosos torneos de caricias perfumadas
en cada una de mis oquedades,
en cada uno de los recodos tiernos de mi impetuosidad.
¿De eso tu memoria no guarda un pequeño lienzo siquiera?,
¿una mínima huella frágil de mi amoroso consentimiento?,
¿nada de los múltiples fervores con que se acoplaron nuestros besos?,
¿una sola de las improvisaciones con que fatigamos los desaliños del
insomnio?
¿A quién debemos la destrucción y muerte
de los buenos momentos en tus recuerdos?
¿A la clara espontaneidad de mi desnudez
o a las falsas alabanzas de tus intransigencias?
Pobre de ti,
te prestas al malentendido mayor de tu propia desmemoria).

—¡Por Judith y Holofernes! Muy aséptica la cosa, ciertamente. Eso suena, bueno, huele de a tiro muy feo. Perdón, yo sé que es un comentario de mal gusto.

—Salud/salud.

—Búrlese, aunque le aseguro que tamaña confrontación termina por convertirlo en ruinas todo, y a uno le entran unas ganas horribles de ponerla a hacer gárgaras con ácido.

(Ya empieza a asomar la proporción grotesca de tu verdadero propósito.
Lástima por ti,
tu raquítica astucia varonil no alcanza ni para una copita más).

—Tiene razón. A mí me pasaría igual. Y al ácido le agregaría un chorrito arrabalero de cianuro.

—Salud/salud.

—Aunque la guerra declarada, ya formal, se disparó cuando decidí desquitarme.

—No me diga. A ver, cuénteme.

—Ajá, un buen día, o más bien una tarde de cielo despejado, cuando unos hilitos de sol hacían travesuras a través de las persianas, sin agua va, me acerqué a olisquearla y me trasplanté a la cara un gesto tremebundo, así como de repugnancia, como si olfateara un bulto de humedad añosa, o de encierro de cementerio, de coladera y podredumbre, y la mandé a bañarse, y eso que no era antesala de hacer la intimidad.

(¡Cobarde!
¡Eres un cobarde!
¡Cómo te atreves!)

—¡Por Agamenón y Clitemnestra! Eso sí que estuvo bárbaro.

—No tanto, porque se embraveció como escorpión güero, estaba frenética, bien herida por la humillación, por su dignidad ultrajada, se puso en el rostro un desafío huraño y altanero, hizo un gesto antipático, estrujando el extremo izquierdo de la boca, y me dijo, con la respiración escandalizada, que era yo un hombre horripilante y hasta alzó la mano como para plantarme la peor bofetada, sólo que yo también incorporé la mano y ella recapacitó, optó por retirarse y resguardarse en la recámara a tomar sus dedalitos de mezcal.

(Preferí no seguirle el juego a tu estupidez,
que es muy distinto,
parecías un chiquillo malcriado,
engreído de júbilo maligno por el alcance ruin de tu travesura)

—Y fue cuando la corrió.

—No. Me metí a bañar. Luego toqué a la puerta. Abrí. Estaba recostada en la cama con el vasito en la mano, entre furibunda y pucherosa. Comprendí que me había excedido un poco y le manifesté, con auténtica humildad franciscana: Para que sepas en propia piel lo que se siente, nomás. Abrió tamañotes los ojos, esos ojazos simpatiquísimos que tiene, y me los incrustó con una fogosidad de demonia. La anestesia del asombro, no así la de la rabia había pasado. Maliciosa, empedernida, rufianesca, sinuosa, me examinaba como a un mapa de la Edad Media o a una radiografía. Me le aproximé, le adjudiqué cosquillitas en la panza y me apliqué a darle un masajito en los algodoncitos de azúcar que tiene por pies, sé que con eso se derrite, y poco después ya estábamos haciendo la intimidad como si no hubiera ocurrido nada, igual que siempre. O hasta mejor todavía, con más ímpetu, largura y contento, porfiada, morosamente.

(Jamás conseguiste entender que te amaba, ¿verdad?,
que siempre puse todo de mi parte para conservar el amor,
sin embargo cada vez tú demostrabas que eso sería imposible.
Nunca entendiste nada, Emilio,
ni siquiera una mínima partícula de nada.
Aún ahora, formulas fragmentos del placer,
mas escamoteas mencionar los daños;
alabas tus cualidades masculinas
y callas mis exactitudes nobles de mujer.
Qué inalcanzables te resultaron
las demostraciones de mi deslumbrado afán por ti).

—Mire nomás, cuando llegó estaba tan venido a menos que ni fijaba sombra en el suelo, y mírese ahorita, hasta parece otro.

—Es por la audacia del recuerdo

(Me basta verte para conjeturarme el hombre más afortunado de
éste y de cualquier otro planeta

mi hendidura te aguarda entreabierta
para que penetres y me habites
febril abrazador abrasado
en mi empeño en mi fatiga

intrépido me endoso cabal y absolutamente a la sedosa seducción de
tu telaraña a tu aceptación de mujer poseedora y poseída te amoldas
a mi extensión y hormas tus paredes para atenazarme para domi-
narme

y yo muero de ti de tenerte dentro mío
de saciarme en tu dureza plena
en la culminación de tu deseo
vertida en mis clamores y sentirte disminuir
resguardado todavía en mis murallas
cabalgar ya suavecitamente hacia el reposo

un mérito cualquiera para corroborar la dicha las miradas fulgu-
raban las palabras adquirían sentidos insólitos vertiginosos como
si habláramos de ir a mecernos a los columpios en una colina de
Estambul o a comprar dulces de leche a una pastelería de Finlandia

como si habláramos con la puerta de un reclusorio
diríamos ahora).

—¿Me sigue usted?

—Lo sigo, sí. Aunque hay algo que no termina de convencerme.
Algo que me resulta un poco extraño y cómico. Como una actuación, ¿ve usted?

—¿La representación de una comedia, quiere decir?

—Así lo veo, como interpretando un papel, discúlpeme, pero es
la verdad.

—La verdad no me asusta.

—Me agrada oírlo, porque no lo digo por ofender. Continúe, por favor.

—Con ella me esmeraba incansablemente, trataba de superarme, de no defraudarla, no mortificarla.

(Perdón.
Me distraje.
No es falta de atención,
sólo que lo que dices y lo que haces
es tan superficial, tan desalentadoramente imbécil,
y tan feo, además.
Eso es todo).

—Bueno, y entonces, si el asunto marchaba bien, ¿qué pasó?

—Lo que pasó fue que dejamos de vernos con buenos ojos.

—¡Por Troilo y Crésida! Eso es de un impacto fulminante, una frustración muy difícil de superar.

—Salud/salud.

—Aunque luego suceden cosas que a lo mejor está bien que ocurran una vez, pero que no deberían volver a ocurrir.

—A ver, dígame un ejemplo.

—Que después de un pleitazo, cuando ya todo parecía echado a perder, después de una larga noche de rechinar de dientes, pavores solitarios, lágrimas inagotables, y después de haber estado ausente por completo durante horas, venía, se encajaba en mi pecho, me bajaba la guardia con su mirada castañamente dulce, atolondrada y alegre, a veces hasta un poco bobalicona ronroneando mansitamente, mimosamente, bomboncitamente, engreída de virginales sabores vegetales, no sé si me explico, y me aseguraba: Por las mañanas; te amo más por las mañanas. Y me besaba con tanta profundidad, con tantísima ternura, de esa su antigua ternura, que ahí estoy, firme y rígido como soldado de plomo, con una mezcla de espanto, indignación y júbilo, desleal apuñalándome yo mismo por la espalda, apostando en contra de mi propia integridad, quizá hasta hostil, acaso resentido, derrumbado en trance, rememorando idílicamente el sol color oro viejo de nuestro primer atardecer juntos, de nuestra primera desnudez compartida, a pocas horas de habernos conocido, cuando se quedó hospedada en mi retina para el resto de mis días, como una mácula. Una de esas disimuladas fórmulas de la melancolía que nos perjudican tanto y en las que cae uno reiterada, irrevocablemente.

(Querías siempre que fuésemos los de la primera vez,
los de nuestra foto oficial de la sala,
inamovibles, sin mancha, definitivos.
Tus indecisiones respecto de ti mismo
crearon tus inseguridades, y,
sin atreverte a decirlo honestamente,
me culpabas a mí de todo cuanto sucedía.
Pobre Emilio,
jamás pudiste acercarte a lo profundo
de mi esencia,
permaneciste sin voluntad y sin compostura
enquistado en la superficie.
Y eso te impidió comprender y compartir
mi alegría y mis abismos,
la sal de mis mareas.
Te mantuvo marginado, lejos de mi magia interior.
Aunque no lo supiste, lo presentías
y ese era tu dolor, era esa tu ira,
tu inconformidad, tu desesperación.
Ay, Emilio).

—Solito iba y se metía de nuevo al redil.

—Y ella me aguardaba igual que una muchacha

(loca

tierna

dulcificada
lluvia de deseo para ti

y te decía que teníamos que ser toda la vida así

54

amantes desprendidos
cariñosos generosos).

—A mi corto entender, esto se asemeja mucho a una gran paradoja.

—Sin duda, mi memoria se porta como un fantasma atribulado en medio de la bruma; no obstante, usted lo ve, mis recuerdos de ella son luminosos de alegría, de dignidad serena.

—Y absurdos como un alma en pena paseándose al sol del mediodía.

—¿No se conduele de mí, no se apiada de mi suerte?

—Según su propio relato, usted es dichoso bordeando el extremo opuesto del olvido.

—¿Lo cree así?

—Sí, así lo creo.

—Bueno, admito una cosa terrible: ella me ponía de revés las ideas, los sentimientos.

—Sin embargo, ahí estaba usted otra vez comiendo de su mano.

—Sí, adorándola como un poseso.

—Pues ahora sí que no entiendo, ¿se da usted cuenta?

—Es que, sabe usted, por alguna voluntad contraria a mi voluntad, en el fondo de mi corazón lo que sentía no era amor, sino necesidad, y un pavor espantoso de perderla. Estaba convertido en un faro sin barco que alumbrar, un terrible girón de nada, una menudencia, una insignificancia.

(Ni siquiera tu amor propio
ha sido nunca verdaderamente tuyo.
Menos aún tu conciencia o tu voluntad.
Tampoco comprendes el significado real
de ser alguien al lado de alguien).

—¡Por Odiseo y Penélope! Sigo sin entender. Ya no sé ni por cuál carril tomar, me trae usted nomás a las puras vueltas y vueltas de carnero, que si ora sí, que si ora no, que si quién sabe.

—El perfume fue determinante.

—¿Cuál perfume, por amor de Dios?

—El que empezó a untarse luego del incidente que le acabo de contar. Un perfume muy sofisticado que apestaba a líquido para exterminar cucarachas, un perfume indecente, vulgar, extravagante, carísimo, eso sí, y lo usaba en exceso, con furor y exaltación a la vez, como si quisiera asquearme.

(El perfume que tú me regalaste
para nuestro segundo aniversario,
y que a diario me formabas disgusto
porque no me lo ponía.
Vaya pues, ahora resulta).

—Vamos, cualquiera le diría, hasta un ciego vería que en realidad no se trataba de nada fuera de lo común. Ningún disparate, ni desquite. La función del perfume es seducirlo a uno y tenerle secuestrados los sentidos. Un truquillo femenino. Sólo eso.

—Un incordio, dirá usted. Ya nunca volvió a ser la de antes. Hasta la voz le cambió, se le tornó áspera y dura. A ratos me trataba como si fuese yo una visita. Y claro, nuestra relación se opacó, pasó a ser desgarbada y siniestra. Y si acaso atrevía yo un reclamo o algún comentario al respecto, componía cara de quinceañera ofendida y me rehuía con el conque de que era yo un hombre muy complicado, figúrese usted. Súbitamente, sus pupilas se hacían añicos y el lloradero salía en estampida. O mascullaba a escondidas de mi cara: ¡Vaya demonio de hombre que me vino a tocar!, lo mismo con delicadeza que con rabiosidad inaudita. Y eso, por supuesto, me dejaba el pellejo del ánimo hecho tiras, acobardado, entristecido.

(Salmón cocido, y espárragos frescos,
mientras escuchábamos una suite de Poulene
y del otro lado de la ventana se desparramaba,
fuera de lugar por completo, una tormenta.
Por lo demás,
todo se encontraba en orden,
según creía yo).

—Lo que pasa es que, permítame que le diga mi opinión, dejó usted de mirarle su lado bueno, o como usted mismo dijo, dejó de mirarla con buenos ojos.

—Pero es que de pronto, ya fuera comiendo, ya viendo la televisión, ya tomándose unas copas de mezcal al anochecer, entrecerraba los ojos hasta dejarlos hechos una simple rendija, o mejor una punta de aguja de talabartero y me fisgaba tenebrosa, rencorosamente, como si le hubiese ultrajado su pudor, su privacidad más secreta, su más íntimo decoro. Y no soltaba prenda, ahí nada más se la pasaba observándome lunáticamente, erguida y solemne, implacable, calmosa, y como si aplanara cáscaras de huevo entre los dientes.

(Lo que nos dábamos era ya
pura limosna, compasión.
Y así no se puede vivir.
Sin vibrar al unísono.
Sin hablar el mismo idioma.
El amor se nos corrompió dentro, querido,
y nos envenenó).

—Aunque seguían haciendo la intimidad, ¿no? Y mientras eso pase…

—No, ni crea, ya ni eso merecía el esfuerzo, o cómo le explico, mire, la hacíamos y no, esto es, hacer la intimidad era como hacer una fogata en una gasolinera, ¿me entiende usted?

—No del todo, a ver, sea más claro.

—Salud/salud.

—Tirada en la cama, un bulto, se agitaba con ansiedad rabiosa, o se perdía, flotaba en un ensueño de sonámbula, mirando al techo, como catatónica. Yo la veía con fijeza, considerando la situación, y pensaba en huir, largarme bien lejos, me imaginaba en trenes, en barcos, en aviones, echado al sol en una playa solitaria, o callejoneando por una ciudad antigua, mágicamente olvidado de ella, lejos de ella, curado de ella. Pero el anhelado exilio no ocurría, nunca tuve la valentía, ni el atrevimiento.

(Amante elemental, basto,
primitivo, cómplice empeñoso,
diligente, minucioso,
succionabas mi viscosa humedad,
hundías tus dedos en mi vorágine,
la espesura de mis secreciones
ayudaba suavemente
para que te sumergieras con mayor felicidad
y me enloquecieras.
Aunque por más que hiciera nunca ibas a estar satisfecho,
pues la insatisfacción estaba en ti, en tu naturaleza).

—Y encima ella ni de lejos me detenía, creo que ni siquiera sospechaba la turbulencia opresora que carcomía mis adentros. Me restregaba yo en mis pensares y ya, era todo, realizarlo ideáticamente me conformaba, pero la rabia de verla en ese estado me iba hinchando día a día de rabia y menosprecio. Ya no teníamos arreglo. Lo advertimos demasiado tarde, como suele suceder. Y míreme ahora, envejecido y desilusionado, inservible.

(Qué patético eres, Emilio, irremediablemente patético.
Te conoces mucho muy bien, ¿verdad?
¿Por qué siempre buscas alguien que te compadezca?
Te fascina la lástima,
ponértela como una camisa, y cambiártela
según el sapo al que vaya dirigida la pedrada.
¿Cuándo terminarás de crecer, eh, querido?
¿Lo conseguirás algún día? Ojalá que sí.
Poco importa que a mí no me toque verlo,
te lo deseo con todo mi amor).

—No se haga más mala sangre, hombre, eso es algo que puede ocurrirle a cualquiera. Se necesita un temperamento especial para esas cosas.

—Salud/salud.

—Bueno y pegador este aguardiente, Bartolomé. Hablar con usted me hace mucho bien, me siento aliviado, más ligero, no tan en ruinas como hace rato, cuando llegué.

—Me alegro. Si el espíritu se salva, la amistad queda complacida.

—¿Y no le disgusta que hablemos sólo de mis cuestiones personales?

—No, por el contrario, se lo agradezco en todo lo que vale. Me impresiona todo lo que me cuenta, y me interesa. Tiene usted una forma de contarlo.

—Es muy hermoso este lugar, Bartolomé, lo hace sentir a uno tan bien.

—Es un poco viejo, pasado de moda, y necesita…

—Pero justo por eso resulta tan escrupulosamente acogedor. Quizá se daba a los años, posee un aire como de misterio.

—Sí, eso sí, y ayuda el que sea una librería.

—Libros de segunda mano, lo que le proporciona su encanto, y el que viva usted aquí le agrega un toque muy especial.

—Bueno, a estas horas, sí, cuando ya se terminó todo el trajinadero de los buscadores de joyas escondidas en los estantes, y los que vienen sólo por la platicadera, y los que quieren una recomendación, y los que traen a vender la biblioteca que les dejó el papá y ni siquiera saben lo que venden, y acomodar los ejemplares que llegan y los que los clientes cambian de lugar, en fin, el zangoloteo diario. A estas horas ya es otra cosa.

—Fuma usted mucho, Bartolomé.

—¿Eh? Ah sí, ha sido mi vicio desde jovencito, mi único vicio, aparte de mi afición a los libros.

—¿Y no teme provocar un incendio? Es decir, un cigarro mal apagado, una brasa suelta empujada por el viento…

—Un libro no es fácil de quemar, mi querido amigo. Y no lo expreso sólo en sentido metafórico. ¿Cuándo ha visto usted una quemazón en una librería?

—Ah, pues no, ¿verdad?

—A veces, cuando estoy en vena de perder la chaveta, me da por ensoñar que estoy en una mansión encantada de las de siglos antes, de las que se habla en las novelas.

—Y además le daba por la Astrología; se hechizaba con los horóscopos.

—¿Cómo? ¿De qué habla?

—Que ella atendía invariablemente los horóscopos, el de los dos, el suyo y el mío, mañana tras mañana, en unas revistas que atesoraba sobre su buró.

—Ah. Ajá. ¿Y cómo influía eso en su vida?

—No sé bien, la verdad, tal vez a esas creencias se debían sus constantes cambios, las alteraciones continuas en sus estados de ánimo.

—Podría ser. Bueno, unos más otros menos, todos tenemos algunas rarezas.

—Aseguraba que nuestros signos eran cien por ciento compatibles. Y ya ve usted.

—Nunca se sabe. Sírvase, sí, claro, abrimos otra, faltaba más, está usted en su casa.

—Con su permisito, entonces.

—Salud/salud.

—Ella no utilizaba almohada, insistía en que es más saludable. Yo, al contrario, usaba doble, la de ella y la propia. Es más cómodo para los sueños, le repetía yo. Y los dos estábamos contentos. No nos tratábamos con resabios ni discutíamos.

—Ahí está, supongo que por esas escenas valía la pena el gasto.

—Pero me equivoqué, ¿no se da usted cuenta? Le hice daño, mucho daño. Y siento vergüenza, la siento aquí mero en mis articulaciones herrumbrosas, en mis músculos deshilachados.

—¡Por Ariadna y el Minotauro! ¿Ella sabe que la quiere?

—Su realidad y la mía ya no embonaban, cada quien se atenía a la suya y la mantenía alejada de la del otro. Así que ya éramos dos extraños que compartían un espacio; dos locos mansos, pero desaforados y astutos, experimentando cada uno su propio desquiciamiento.

(Yo te amaba,
y amaba también nuestra casa,
los muebles antiguos, los espejos,
nuestras comidas,
me encantaba cocinar para ti
y me regocijaba verte comer las cremas,
las ensaladas, los guisos,
y cómo disfrutaba los besos que nos dábamos al despertar,
y el bañarnos juntos, enjabonarnos,
acariciarnos bajo el agua de la regadera,
y mirarte leyendo en tu viejo sillón reclinable,
y ver películas en la televisión,
recibir algunos amigos los viernes por la noche,
conversar, reír, tomar unas copas, desvelarnos,
hacer la intimidad con ese ímpetu tan suficiente,
tan de larga duración...
La altura todavía me aterra,
también darles rienda suelta a las añoranzas...
Y luego, poco a poco,
te fuiste convirtiendo en un sitio desconocido.
¿O siempre fuiste igual,
el mismo ser perturbador e irracional,
un portazo en medio de la tranquilidad de la noche?
Y yo, enamorada, apasionada, trastornada,
para complacerte no escatimé un milímetro
de mi profunda piel,
ni un solo residuo de mi apogeo,
en todo consentí a tus rigores y tus caprichos de amante
y disculpé sin horror
tus delirios y tus pobrecías de hombre.
Cauta, y vigilante,
vestía la nada de tu sombra,
la pulía, la hacía engrandecer,
y te rescataba de las crueles infamias
de ti contra ti mismo,

te refugiaba en el sabor secreto de mi flor más íntima.
Tuyos fueron, sin dudas ni restricciones,
los pliegues de mi cuerpo,
e hice mías, sin límites,
las firmezas del tuyo que me obsequiaste en propiedad).

—Me lleva usted a pensar en una enfermedad sin remedio.

—La zanja ya estaba abierta, y era irrellenable.

(El corazón tiene sus propios ojos,
y sólo ve lo que ellos quieren ver).

—Trato de imaginar una palanca de velocidades sin reversa; una decidida marcha hacia adelante, pero viendo por el espejo retrovisor. Inconcebible.

—Sí. Me he convertido en una piltrafa, un pobre remedo, una caricatura de hombre, y todo por una mujer.

(¿Nada más es pura culpa mía?
¿Te mortifica el no haber sabido desentrañar
los enigmas de mi esencia?
Cuando ocupabas la apetencia enloquecida
de cada uno de mis fulgores,
cuando yo nutría cada gota de tu sangre,
y confirmaba cada uno de tus huesos,
hombre hecho y completo eras en mí;
fuera de mis entrañas,
solamente un hombre,
un pequeño hombrecito.
Aires de grandiosidad los míos,
muy cierto, aires de mujer íntegra,
bien hormada, satisfecha.
Me creíste bien nacida para la obediencia absoluta;
merecedora de pesar, no de placer,
no de ninguna amorosa autonomía.
Cuán errada y tontísima se hallaba tu vanidad;
cuán reducida era tu estatura de guerrero.

Qué anemia magra, atroz la de tu casta.
Qué sequedad, qué inmadurez, Emilio,
qué ruindad tan sin sentido
y simple la del destino que elegiste).

—Usted se está consumiendo en ese infierno alimentado por usted mismo.

—Estoy así desde que ella se me fue, ya le dije, la añoro en las mañanas con especial intensidad, no puedo, durante horas, pensar en algo que no sea ella, si se encontrará bien de salud, si comerá a sus horas, si habrá subido de peso o estará más delgada, si se habrá vuelto a cortar el cabello, si me sentirá acurrucado en su espalda cuando duerme, si tendrá ansias de besarme al despertar, y decirme que por las mañanas…

(Yo te creí más hombre,
y tú me juzgaste menos mujer).

—Donde siga usted machucándose con sus tantas añoranzas, va a reventar de tristeza, mi amigo, colgado de la cuerda de la melancolía.

—Usted que es persona de muy buen juicio, a ver, dígame, ¿cómo me saco de encima tantas aflicciones?, ¿qué hace uno con una desolación tan arremetida en el tuétano? Porque es muy fácil decir olvídala y ya, búscate otra mujer y ya, vete con las putas y ya, así de fácil, ¿no?

—No, yo no digo nada tan desfavorable como eso, lo que quiero decir es que, pues, hay que echarle ganas.

—¿Y qué ganas le echo si ya no me quedan ganas de maldita la cosa, ni una infeliz, vil mugrita de ganas de nada?

—Si se atranca en la obsesión, menos va a saltar el charco, razónelo.

—Charco, já. ¿Y cómo diablos le hago para salir del atascadero?

—Bueno, no sé, todo esto es un desgarriate tan grande.

—Una porquería. Una verdadera basura.

—No tanto, yo no digo tanto.

—¿No? Pues cárgueme a la cuenta lo del aborto.

—¡Por Yocasta y Edipo! ¿Además un aborto?

—También a eso nos enfrentamos.

(Sí, tienes razón en poner esa cara.
Supongo que yo también me espanté igual cuando lo supe.
Es absurdo, le rebatí al doctor.
Y el doctor me dijo absurdo y todo, es verdad.
Me mostró la evidencia y me desparramé.
Un hijo a estas alturas, por Dios,
un embarazo de alto riesgo,
altísimo, por mi edad,
siete meses tumbada en la cama,
sin permiso para moverme ni hacer nada,
llena de privaciones y de cuidados extremos.
Y aun así...

Debes tenerlo

¿Aun si mi vida está en peligro?

Vamos no exageres

Es que podría matarme

Al contrario es lo mejor que puede sucederte

No me es posible tener un hijo no a mis años

Estás perfectamente bien sólo deshazte del miedo

No es miedo compréndelo es sensatez

Es tu deber tu realización plena como mujer

Ah vaya y si no produzco un hijo ¿no valgo como mujer?

También es la confirmación de nuestro amor

¿No te es suficiente nuestro amor de dos?

Carne de nuestra carne tu sangre y mi sangre mezcladas para siempre

No soy una máquina de fabricar descendencia

No me vengas con tus cosas no seas ridícula

Eres injusto y cruel.

Ten fe confianza en nosotros en nuestro porvenir

Sería un suicidio no deberías pedirme eso

Si te lo pido es porque soy fiel partidario de amar la vida

Ponte en mi lugar ¿quieres? piensa un poco en mí

Pues por ti lo digo precisamente

Que me arroje al precipicio

Vamos no seas trágica

Trato de ser realista

Y estás siendo egoísta

Tengo que ser en principio responsable de mí misma

Piénsalo bien *Lo haré sí ten por un hecho que lo haré*

Bueno tranquila ya tranquila

Estoy bien no te preocupes

Mira yo confío en tu decisión y te voy a apoyar y a quererte mucho más que antes te lo juro…

> *Finalmente,*
> *acudí a hacerlo.*
> *Sola.*
> *Fue una decepción de la que nunca conseguí recuperarme.*
> *Ir sola a que me practicaran aquello.*
> *Cuando regresé,*
> *aparentemente calmada,*
> *aunque abatida, y vacía,*
> *con algo de fiebre y escalofríos,*
> *en vez de preguntar cómo estaba,*
> *cómo me sentía,*
> *me dijiste que tenías hambre,*
> *que si por favor te preparaba un bistec…*

Fue tu terquedad quien lo hizo no mi cerrazón jamás quisiste admitirlo

> *Nunca será lo mismo para un hombre que para una mujer.*
> *Ustedes sólo están en lo externo,*
> *son incapaces de discurrir más allá*
> *de su miserable satisfacción.*

Y tú, tú especialmente,
no tienes ni estatura ni talento para comprenderlo.
No sé si esto es mejor o peor para ti,
para tu obcecado narcisismo).

—Y todo cambió. Ya no hablábamos, ya no salíamos a caminar, al cine, a tomar una copa, a bailar. Y en la cama se transformó en un bodoque de hielo, por más que le rogara y me mostrase de lo más comprensivo y tierno.

(No es que no quiera,
es que no puedo, entiéndeme,
necesito tiempo para ajustarme de nuevo.
Para ti no tuvo la menor significación,
bien lo sé,
ninguna trascendencia.
Pero te aseguro que no fue un día de campo).

—Cosa hasta cierto punto natural, supongo.

—Cuando al cabo de algunos meses volvimos a hacer la intimidad, aquello fue un naufragio de llantos y reclamos; fue igual o peor cada vez, hasta que de plano nos liberamos de intentarlo. Ya no había ningún rincón para donde moverse.

(¿Dónde está la verdad, Emilio?,
¿en qué ramaje del sendero se ensartó
y se nos quedó atorada, convertida en infortunio?
Ay, fueron bellísimos nuestros primeros tiempos,
¿lo recuerdas?,
qué orgullosos estábamos de nosotros,
de quienes éramos, de lo que hacíamos,
de todo eso que soñábamos juntos;
¿y ahora?
El amor nos abandonó, querido,
saltó del barco,
ya no quiso continuar a nuestro lado,
nos dejó atenidos a nuestra suerte).

—Era un camino cada día más sinuoso, más difícil, más retacado de preocupaciones y frustraciones, se podrá usted imaginar el padecimiento que fue aquello. Vivir con una mujer atiborrada de emociones enteleridas, intimidantes. En cualquier caso, se trataba de una derrota, y una derrota colosal.

(Quedamos en manos de la desilusión,
de la tristeza y el espanto).

—Acabamos por ser un par de moribundos furiosos que se detestan y ya lo único que quieren es despedazarse, hacerse mal.

(Te equivocas, Emilio,
otra vez más te equivocas totalmente.
Ni rabia, ni deseos de venganza, ni odio;
sólo desprecio,
es todo lo que puedo sentir por ti,
un apremiante, insuperable desprecio).

—Los recuerdos, ahora, se vuelven una confusión tumultuosa, pero la nostalgia es algo que empezó desde antes.

(El desencanto me dejó aislada
en una madriguera oscura, tétrica,
de la que no conseguía salir
porque tú estabas ahí para impedírmelo
con tus exigencias y tus chantajes,
tus súplicas, tus amenazas.
Vivía yo en el centro de una turbulencia aterradora,
si es que a eso se le podía llamar vivir,
reducida a ser menos que una cosa,
postrada, vaciándome de mí misma,
como si me desangrara,
mientras tú, en tu egoísmo,
parecías gozar viéndome sumergida
en aquel estado de debilitamiento,
y deleitándote quién sabe en qué otra de tus locuras).

—¿La nostalgia?

—Sí, la nostalgia de no tenerla cerca, cuando se hallaba a mi lado. La deseaba más con la imaginación, la disfrutaba mejor si la añoraba. Mi mujer de carne y hueso resultaba inferior a la mujer que poseía en mis elucubraciones. Ella suponía que la engañaba con cualquier otra, porque sentía mis formas de evadirla, de no estar, aun encontrándome dentro de su cuerpo; pero mi pasión estaba entregada a la ella de mis quimeras, la inventada. Qué cosa tan anárquica, ¿no le parece? Esto es algo que he sentido infinidad de veces, aunque nunca me lo he podido explicar.

—¡Por Eurídice y Orfeo! Ya me perdí otra vez. Acláreme bien eso, por favor.

—Tengo que remontarme a una época lejana, si no le incomoda.

—De ninguna manera, venga, suéltelo.

—Pues sucede que nos fuimos una vez de vacaciones a visitar la ciudad de ella. Una ciudad con mar.

—¿Por qué lo dice así, tan acongojado? ¿Le lastima mucho recordarlo?

—Fue uno de nuestros momentos cumbres, un episodio múltiple ciertamente dotado de grandes escenas memorables. Conocí a su familia, gente muy amable, sonriente, dicharachera. Mamá y papá y dos hermanas menores, guapísimas y confianzudas conmigo. Ah, y una sobrina precoz y hermosa, parecidísima a ella. Hubo un enorme revuelo en la familia, cenamos, tomamos vino, cantamos, reímos hasta las dos o tres de la madrugada, y por mucho que nos lo ofrecieron, no nos quedamos en su casa, preferimos irnos a un hotel. Hicimos la intimidad como nunca en los cinco meses que llevábamos de vivir juntos. Invertimos los días en nosotrear por el muelle, por las playas ardientes; contemplamos las olas bravas, comimos langosta y bebimos cascadas de cerveza helada con sus hermanas, mis "cuñis"; disfrutamos atardeceres diáfanos, radiantes, como si el mar y el sol y los paisajes estuviesen hechos sólo para complacernos. Ella y su piel diestramente bronceada. Su esencia de mujer, leal, inconfundible. Nuestros cuerpos generosos de savia vivificante. Éramos bien felices, voluptuosamente, escandalosamente felices.

—Eso ha de haber sido un estímulo muy grande, una vitamina suprema.

(Incursionaba en tus mareas de lo superficial a lo más hondo

trasponías el umbral exacto de mi cuerpo

éramos un mismo estremecimiento una sola conmoción

causa y efecto del amor verdadero
el vínculo justo resplandeciente

en ti encontraba mi lugar en el mundo

tuyas eran mi forma primordial y mi materia

aunque éramos distinto grito diferente silencio

distinta consolación diferente paciencia).

—Un mediodía íbamos paseando por el malecón, enamorados, cálidos, arrumacaditos, cuando topamos un conjunto de jóvenes colegialas juguetonas y desinhibidas; de improviso, una chiquilla de unos trece o catorce años se apartó de sus compañeras, se nos plantó delante, puso las manos en la cintura y nos declaró, con una sonrisota de este a oeste: Qué bonita pareja son ustedes, formidable. Después echó a correr y se unió a las demás y nosotros nos quedamos lelos de contentura. Fue una variante de la felicidad que no he podido olvidar jamás.

—¡Por Beatriz y Dante! No se me desguance así, caray.

—No, no. Para nada. Ahí me enteré que sabía tocar el ukelele, y que era buenísima para nadar, por eso sus preciosos hombros anchos de sirena, y que de chiquita se escapaba a cada rato de la escuela para volverse a su casa; disgustadísima con algún maestro, se salía del salón de clases y no había poder humano capaz de detenerla; sus papás ya lo sabían, y por más que la regañaban y la castigaban, nunca lograron desarraigarle el mal hábito, que se le encaramó para toda la vida. Desde entonces practica lo mismo, en cuanto se inconforma con algo o se harta de algo, se da a la fuga. Se larga. Huye.

(Y no vuelvo.
Cierro la puerta y lo dejo todo.
No me importa lo que sea.
Cuando llego al límite de mi tolerancia,
adiós y no juego a mirar atrás.
Detesto las estatuas de sal.
Lo supiste a tiempo, Emilio,
y te aguanté más de lo debido,
no sé por qué ahora te quejas y lloriqueas).

—Y al regresar de aquella experiencia tan plena, tan ilustrativa, a los dos o tres días de estar de nuevo en nuestro departamento, fue cuando empecé a experimentar esa nostalgia de que le hablo. A inventarme una ella precoz y hermosa como su sobrina, o como la ella rebelde de su niñez, o la de su adolescencia musical o la que iba junto a mí por el malecón, cualquier ella forjada en mi mente resultaba más atractiva que la ella real.

(De cara frente al espejo,
contemplo la suave madurez de mis senos,
la firmeza de mis caderas,
el vértice de mi apogeo,
la maciza resistencia de mis piernas.
Cuántas veces me desvestí para ti,
para tus manos, para tus pupilas,
para colmar tu placer y tus exigencias,
para que me consideraras y me poseyeras con todo tu cuerpo,
me provocaras sumergirte en mí,
me descubrieras fiera salvaje y aternurada,
audaz y combativa,
dientes y uñas y carne para tu contento y tu jactancia,
sin disimulos ni engatusamientos
ni exaltaciones raras o fingidas,
tu alimento, tu pasión,
¿qué más necesitabas de mis anhelos y mi entrega?,
¿qué más requerías de mí, desdichado?,

¿qué más, si eras, si siempre fuiste
mi afán y mi tormento empotrado justo ahí,
en el centro mismo del amor?)

—Deploro decirle esto, pero ya basta, ya déjese de imaginerías y resígnese.

—No puedo; no sé qué demonios pasó. Todo estaba a nuestro alcance, ¿sabe usted?, por descubrir, por sentir, por compartir, por hacerlo nuestro.

—Siempre queda algo que aún quiera uno hacer, una esperanza que no se ha apagado, y que nos permite llegar de pie al día siguiente.

—Es tarde para corregirle su plana a la realidad de mi vida. Soy un hombre mutilado. Incompleto. Sin corazón. Sin alma.

—Caray, pone usted demasiado énfasis en lo negativo, no sea así; aliviánese, atrévase a encariñarse de nuevo, haga una versión distinta de su personaje, encauce por otro rumbo su trayectoria.

—Sé que ella me ama. Es lo único importante para mí, la ilusión a la que me aferro, mi posibilidad de porvenir, el milagro en el que creo.

—Y, sin embargo, debe acostumbrarse a la verdad de que ya no está…

—Daría todo lo que tengo a cambio de que volviese conmigo…

—… y que ya no estará nunca más…

—… y se quedara para siempre.

—… o que para que ocurra ese milagro sólo existe una probabilidad…

Cruzo los dedos, toco madera, la invoco a diario, rezo mil plegarias porque así sea. Y véame el estado en el que estoy.

—… una sola entre un millón.

(Morí mil veces de insaciable sed
porque te adentrases en mi sede,
pero frente a tus ambivalencias,
ambigüedades, contradicciones,
clausuré mis puertas, sellé mis conductos,

derramé el agua dadora de vida,
castigué, sangré mis humildes labios agrietados,
te dejé fuera:
nunca más habrías de madurar tu deseo
en los oleajes de mi vientre).

—Pero ella no tiene ya nada que ver con usted, ya es otra persona, no se preocupa por usted, no le interesa en lo absoluto, la tiene sin cuidado que usted la quiera, la desee, la extrañe o sufra por ella, no le importa ni un gramo de lo que usted hace o siente, ¿me entiende usted?, ¿le queda claro?

—¿Cómo puede decirme eso sin conocerla?

—Usted me la ha descrito puntualmente de pies a cabeza, de piel a corazón, de modo que he podido formarme una idea. Y, además, lo conozco a usted.

—No tiene sentido este altercado.

—Completamente de acuerdo. Cambiemos de tema.

—Podríamos hablar de muchas otras cosas.

—O si le parece, sacamos las fichas y jugamos un partidito.

—¿Ya se suplició de lo que le cuento? Está bien, lo entiendo.

—No diga eso, hombre, ni lo mencione. Al contrario, ha sido un gesto muy noble de su parte el participarme tantas cosas, tan íntimas. No tengo con que corresponderle la confianza, la sinceridad.

—Salud/salud.

—Me acuerdo cómo me pedía que la perdonara porque no podía usar uñas largas, y las traía invariablemente cortaditas al ras, en cambio el pelo lo lucía hasta casi la cintura, muy bien arreglado, y la regocijaba que platicáramos a la hora de comer, o en la cama, ya para dormirnos, antes de volverse de espaldas para que la abrazara y quedarnos así amueganaditos hasta la mañana. Eso sí, cuando discutíamos por algo, por apoteósico o insignificante que fuese, elevaba escandalosamente el tono, incluso gritaba, y manoteaba una barbaridad, histéricamente, como desafiándome a llevarle la contraria, pero después, cuando la cuestión se arreglaba, se mataba de la risa y yo me gozaba con eso y me la comía a besos que por lo general se quedaban frotándose en sus dientes risueños.

(Idílica tu versioncita, querido,
maravillosa,
como quien pasea una tarde de verano
por un bosque de abedules.
¿Y qué más, cariño?
A ver, sorpréndeme).

—Y es que se me olvidaba comentarle que su risa era una risa amplísima, duradera, generosa, muy auténtica. Y cuando lloraba, lo hacía con el mismo entusiasmo, por decirlo así, o con la misma pasión, por decirlo todavía mejor; comenzaba suavecito, como sin querer, y poco a poco aumentaba el volumen del llanto hasta convertirlo en un alarido violento, convulsivo; llegada a este punto, las lágrimas se espaciaban y comenzaba a calmarse; se tallaba los ojos con los nudillos, para despejarse, y me miraba, entre arrepentida y avergonzada, y pasaba la página así como si tal cosa. Al principio, las primeras ocasiones, trataba de tranquilizarla, hablándole, abrazándola, pero de nada servía; aprendí al fin que lo mejor era dejarla que se desahogara y no ponerme a analizar los porqués de sus reacciones. Ella era ella, y punto. No valía ninguna argumentación. Ningún intento de cambiarla merecía el empeño.

(Siempre estuve extendida, y expuesta para ti,
para que descubrieras la sinceridad de mi abrazo,
que tú, con otro más de tus rasgos heroicos de sobriedad,
confundías con mansedumbre, con virtuoso domesticamiento.
¿De dónde sonsacó fuerzas mi corazón para soportarlo?
¿De la humildad, de la condescendencia,
de las voces asfixiantes de la tradición?
¿De qué orfandad milenaria?
¿De qué escalofriante oquedad?)

—Pero, ¿a qué atribuye usted ese comportamiento, esas descompensaciones?

—Exageraciones de ella. Pura imaginería mujeril, nomás.

(Una cosa era amarte y otra permitir
que me sometieras a tus caprichos insanos,
me invalidaras, me destruyeras.
Nunca concebí el amor como sojuzgamiento,
de ninguna de las dos partes.
Sí, seres iguales en nuestra diferencia,
responsables en nuestra sequedad
o en nuestra abundancia.
Somos las dos riberas y el puente que las hermana).

—Algo ha de haber, no obstante.

—Pues, que me vuelve frágil, vulnerable.

—¿Lo vuelve? ¿O es una sensación?

—Es una agonía, un macizo de heladez sobre el corazón. Una quemadura muy fría. Un trozo de hielo que gangrena y mata.

—¿Lo ha sentido muchas veces?

—No. Cuando se fue, tuve la impresión de morirme. Padecía acometidas constantes de estremecimiento, convulsiones. Yo esperaba que el dolor de esa realidad atroz, iría cediendo, diluyéndose, desvaneciéndose igual que una luna roja entre las nubes. Sin embargo, no fue así. Casi me atrevería a decir que, en efecto, morí por ella.

—Pero está vivo, a pesar de todo.

—Con la muerte de los recuerdos a cuestas.

—Sobreviviente de un mal amor.

—Vivo por la herida, que me desangra día con día.

—Pues mire que tiene usted aguante, eh.

—Eso mismo que me mata es lo que me hace vivir.

(Vaya si eres dramático, querido.
Y más si tienes un público cautivo, crédulo;
qué magníficamente lo envuelves
con tus enredos y tus fantasías.

Me lo sé de memoria.
No tener a nadie a la mano para contarle tus embustes,
ese es el miedo central de tu existencia).

—¿La herida abierta, entonces, es su gran defensa?

—Es mi amante antagónica, digamos. Era. Me refiero a ella.

—¿Por qué cierra de ese modo los ojos? ¿Le pasa algo?

—Un pálpito. Una imagen muy dolorosa.

—¿Cuál es? Dígamela.

—La tarde en que la conocí. Fue en una galería de arte. Iba caminando, inaccesible, orgullosa, linda y desafiante, rebosante de vitalidad, deslumbradora, dominadora, una auténtica potencia superior. Y tuve el presentimiento, o la certidumbre de que con ella se modificaba en forma radical mi destino, que el solo verla me imponía la magnífica obligación de amarla…

(Te gustaba muchísimo contemplarme,
¿lo has olvidado?
Espero, ansiosa, tu respuesta).

—… y ahora lo que me atormenta es que ha de estar muy cambiada y venida a menos, triste, sin mí no ha de tener el mismo brillo, la misma luminosidad. Y me oprime el corazón imaginarla opaca, deslucida, envejecida.

(¿En verdad hablas de mí
o de una penosa imagen de mí
que inventas para tu comodidad y tu disculpa,
tu justificación, tu exoneración?)

—Con otras palabras, pero me está diciendo algo que ya me ha dicho varias veces. ¿Por qué? ¿Para qué?

—Para perfeccionarla en mi recuerdo, quizá, o para que no se disipe como una fiebre o una pena, que se diluya o se seque como la sangre de una herida.

—Es trágico lo que dice, mi amigo, muy trágico. Y perdone la insistencia, pero es de sabios conocer el momento de retirarse de la lucha.

—En alguna noche de luna, mirándonos bailar y reír, felices, perdidos y olvidados del resto de la humanidad, igual que si estuviésemos solos en la montaña más alta del mundo, sin conseguir evitarlo me sobrecogí y pensé, con algo semejante a la piedad, una piedad ruin, peligrosa, antigua, desprovista de edad, con una especie de alegría ilegítima, pensé, le digo, en mi propia pequeñez…

—¡Por Píramo y Tisbe! ¡Una alegría ilegítima!

…y en nuestra circunstancia… en la impertinencia de nuestro estado… no encuentro la analogía adecuada…

(Todo en ti era premeditado.
Tus obsesiones, tu frenesí, tus desvaríos.
Tarde me di cuenta.
Hasta la mañana en que jugaste
ante mí tu última carta miserable.
Inútil, indefendible frente al amor.
Aniquilante.
Signo extremo de tu pérdida de juicio,
prueba absurda y definitiva,
inaceptable del caos en que te habías convertido.
O siempre fuiste,
y yo no vi, no quise ver)

—No ahorre expresiones, no desdeñe ninguna palabra.

—Pensé, supe que estábamos vencidos, tristísimos. Paulatinamente y sin solución a la vista, fuimos ingresando en una pesadilla sombría, una soledad desesperada, infame, una desilusión irreversiblemente rencorosa; en esta desesperanza, esta miseria que se nos trasmutó en abominación y ya no acabaría nunca.

—No estoy seguro de haber comprendido.

—Yo sólo anhelaba pasarla bien a su lado, eso era todo, pero ella necesitaba siempre algo más, ver más allá, ir más allá.

(Y por eso dejaste abolida la pasión,
aunque de igual forma ya hubieses abdicado
de todos sus favores.

Me decepcionaste, Emilio,
ya no te podía admirar,
ni sentirme contenta con lo que eras,
ni orgullosa y agradecida de ser tu mujer)

—Y claro, eso era inaceptable para usted.

—¿Por qué lo dice de ese modo?

—Pues porque no tengo otro.

—No se haga el calamitoso.

—Y usted no se me enmuine, hombre, no sea quisquilloso. Además, ¿de qué modo?

—Así con chirridito de bisagra oxidada, con sorna, como si hubiese tomado partido y estuviese a favor de ella.

—No me venga con tamaña ingratitud, eh.

—Salud/salud.

—Y dígame, ¿en qué ocupaban sus noches, ahora que no hacían la intimidad?

—Leíamos, cada uno en su extremo de la cama, ella sus volúmenes de poesía, y yo mis novelas policiacas, ya sabe usted; mirábamos películas en la televisión, una tras otra y otra hasta en función triple o nos dormíamos terminando de cenar, tempranito, desacurrucados. Como dejamos de invitar gente a la casa, yo me iba con los amigos a tomar unas copas los fines de semana.

—Se aburrían, pues.

—Nos hartábamos de tanto fastidio. Yo creo que de ahí me viene el hábito de dormir mucho.

—¿Y durante el día? ¿Cómo pasaban sus días?

—Eran cada vez más difíciles y sombríos. Indignos. Ya no esperábamos nada uno del otro; tampoco teníamos ya nada que darnos. La abundancia se nos había finiquitado.

(El aire que nos separaba era nervioso, muy frío.
Y los silencios, hora a hora, más pronunciados).

—Nos defraudamos a nosotros mismos.

(El empleo del plural en tu boca
suena muy convenenciero, cariño).

—Se defraudaron mutuamente, según mi humilde visión del conflicto. Convirtieron sus tierras de labranza en campo de batalla.

—De ser sosegada, juiciosa, reservada, pasó a ser altanera, soberbia, diabólica.

(Señalada. Descalificada. Condenada).

—¿Y usted?

—En el fondo me siento tan culpable; estoy tan arrepentido.

—La culpa y el arrepentimiento son artículos fuera de temporada, vanos, inservibles.

—Quizá me consiga un gato, o un perrito que me haga compañía.

—Sería muy beneficioso para usted. Ocuparse de alguien que lo necesite. Alguien con quien envejecer.

—Sobre todo, con quien estar sin complicarnos la vida, en mejores condiciones.

—Seré curioso. ¿Por qué era usted tan exigente con ella?

—¿De dónde saca que era exigente?

—De que usted esperaba de ella la rendición incondicional, el sometimiento total.

—Necesitaba estar seguro de que era mía, eso sí, sólo mía.

(¡Qué terquedades las tuyas!
¿Te molestaba tanto mi entusiasmo?
¿No te bastaban las pruebas de mi ternura,
todavía más comprensiva me querías,
más obligada a tu servicio?)

—Pegada a usted como con soldadura autógena.

—Pues sí, como parche poroso, algo así.

—Separarse de ella en los quehaceres de la vida diaria le resultaba doloroso, ¿verdad?

—Suponiendo que sí, ¿qué habría de malo en ello?

(Tonto te haces al contar que amordazada me querías,
con la mirada al suelo,
dócil y silenciada,
presa en celda de siglos,
ínfima, invisible, mal muy menor.
No tienes una mísera idea de lo que expones,
ni siquiera me interpretas adecuadamente,
y más triste aún:
no valoras mi sensibilidad,
niegas mi inteligencia).

—Pues que una juntura tan estrecha se vuelve peligrosa, digo. No permite maniobrar ni respirar a gusto.

—Bah. Usted ya está bordando fuera de la trama. Está sobrecargando de suposiciones su opinión.

—El que no puede vivir ni respirar en paz es usted, no yo.

—Estoy muy cansado. Ya casi no tengo fuerzas para defenderme.

(Yo no necesito de la aversión
ni de la venganza para estar completa,
ni considero mi desnudez una vergüenza
ni los jugos de mi deseo un motivo de culpa.
Mientras tú necesitas triunfos y rendiciones,
yo lo único que requiero es mi derecho a celebrar la vida,
mi vida y la tuya, juntos.
Y si con eso no es suficiente,
lo siento, de veras,
lo siento con todo mi amor.
No tengo por qué ser tu mal sueño ni tú mi sobresalto.
Estamos inermes ante lo imprevisto, es cierto,
y no por eso vamos a colmarnos de disfraces
a modo de legítima defensa.
No es una forma digna de vivir).

—¿Defenderse? ¿De quién?

—De usted. De sus ataques. Pero le juro que soy inocente.

—No, mi amigo, ni lo juzgo ni lo ataco. Trato de ocupar su lugar y comprenderlo más. Aunque a ratos, sabe, pongo un poco en duda su veracidad.

—Ya me lo había dicho, de otra manera, que le parecía una actuación lo mío, un papel recitado o mal interpretado, algo así me acuerdo que me dijo.

—Podemos discutir los términos, pero por ahí no creo que lleguemos muy lejos.

—Tiene razón. El asunto es que usted no termina de creerme lo que le digo. Y tengo que admitir que algunas veces yo mismo nos veo, a ella y a mí, como personajes ficticios, y desconfío de mi memoria, que amplifica, disminuye, distorsiona.

—Y nos invita a cada rato a trasladarnos a la vida imaginaria.

—Como en un juego de azar, ¿cierto?

—Y no hay nada que hacer, eh, está plagada de trasgresiones, dispersiones, elecciones acertadas o erróneas; la memoria es casquivana por naturaleza, y pronta siempre para cambiar de atuendos y de estrategias.

—Entonces, ¿qué pasa con la veracidad?, ¿dónde queda? Si es que algo queda.

— ¿Usted está bien seguro de que lo que me cuenta sucedió como lo recuerda, que no le pone su pizquita de adorno, de fantasía?

—Todo lo que he relatado es verídico. Bueno, quizá a la hora de narrarle un sucedido, le agrego cosas, sin aspereza, de manera natural, como si me otorgara el visto bueno a mí mismo. Como si obtuviera por fin algo que siempre he ambicionado. Junto a ella desempeñé el mejor papel de mi vida, se lo juro, Bartolomé.

(No te creo ni una sola palabra.
No debí creerte nunca, nada.
Yo no te desmiento en la veracidad de tu amor,

como tú lo has hecho conmigo,
pero tampoco te mitifico en las páginas
más fidedignas de mi historia).

—Esto es motivo de innumerables desencantos y no pocas depresiones. La memoria se contagia de ficción y la realidad de pronto pasa a ser una ilusión que, por alguna causa, desfiguramos y terminamos creyéndola un hecho verdadero.

—A ver, dígamelo con un ejemplo.

—Usted, al principio de nuestra plática, me dijo que la corrió, a su mujer, y ha dado mil rodeos y no ha sido capaz de aclararme con certeza, puntualmente, por qué ni cómo fue que la corrió.

—¿Y de veras importa saberlo?

—¡Por supuesto que sí!

Salud/salud.

—Hay cosas de las que no quisiera acordarme, pero sólo por la amistad se las contaré. Y trataré de ajustarme exactamente a la verdad.

—Venga pues.

—Es curioso… No… Es doloroso, es dramático… Quiero ser sincero con usted…

—Adelante. Empiece de una vez.

—Salud/salud.

—Esa noche estaba más cautivadora y excitante que nunca, tanto que me cuestionaba qué podía ser lo que ella veía en mí. Recuerdo que me sentí celoso de mí mismo y a la vez doblemente orgulloso de ella. Y de mí por tenerla a mi lado, claro.

—Claro, como debe de ser.

—Repentinamente, se acercó, me dio un beso suave, profundo, y me dijo: Iré contigo en la vida tan lejos como sea necesario. Supongo que puse cara de perplejidad porque añadió: Este es un momento crucial. Yo, aunque con el entendimiento fuera de mí, desarticulado, me puse a la expectativa. Y entonces sucedió.

—¿Qué sucedió?

—Tengo mucho miedo.

—¿Miedo? ¿De qué tiene miedo?

—De que vuelva.

—¿Ella?

—Sí.

—¿Pero no es lo que ha estado diciendo que quiere, que desea con toda su alma?

—Es que, si vuelve, no sé si podré resistir.

—¿Qué cosa?

—Su propósito.

—¿Quiere hacer el favor de decirme de qué está hablando?

—De su maniobra desesperada. De la inmolación.

—¿La qué? No entiendo. Explíquese.

(Era desproporcionado.
Pero aún nos faltaba llegar al límite).

—Fue para nuestro quinto aniversario que me lo planteó, su propósito.

(Hagámoslo, me dijiste inesperadamente.
Es lo único que nos falta llevar a cabo juntos.
Una fecha como ésta es un real acontecimiento
y merece una celebración única,
maravillosa, perfecta).

—Quería que nos inmoláramos.

—¿Que se qué?

—Que nos suicidáramos juntos, pues.

(No. No fui yo.
Fuiste tú,
desproporcionado ángel de la muerte,
el que lo propuso.
Fuiste tú, infeliz.

Yo no acepté, por ningún motivo.
No creía, ni me era posible creer en eso.
Insististe en poner fin a "nuestro destino vulgar".
Como siempre, habías bebido demasiado,
mientras yo ya no podía más,
no podía ser más desgraciada.
Me sentí brutalmente atrapada,
afligida, deshecha.
Y decidí dejarte definitivamente).

—No podía estar hablando en serio.

—Lamentablemente, sí hablaba en serio, la hubiera usted visto, Bartolomé, la congoja cada vez mayor de su voz, la desesperación de sus ademanes, la angustia de sus ojos, hay que realizar la magia, repetía, éste tiene que ser el más airoso de nuestros festejos, tenemos que desaparecer de la superficie de la tierra. Y sus palabras eran astillas que se encajaban en mi rostro.

(Estás enfermo, Emilio, muy enfermo,
eres un desequilibrado,
un loco de atar, un perverso).

—Vaya un acontecimiento terrible.

—Vivíamos en un octavo piso, frente a un parque grandísimo, y es verdad que las ventanas nos proporcionaban una vista deslumbrante, pero eran siempre una pésima tentación.

—Raquítico favor resultaban en esos momentos, supongo.

—No le deseo a nadie una situación tan devastadora. Todo parecía un ensueño cruel, una alucinación sobrenatural. No asomaba un mínimo destello de piedad. Y por más esfuerzos que intenté, no logré disuadirla.

(La enfermedad es tu verdugo.
Te ha taladrado, derruido,
excluido del mundo.
¡Que te destripen, Emilio!)

—¿Quién hubiera podido conseguirlo?

—Ante el fracaso de su propósito, se quedó como insecto pisoteado, como cucaracha, y terminó de enfurecerse, de perder el sano juicio.

—Y entonces, ahora sí la corrió.

(No te soporto un minuto más.
Me voy ahorita mismo.
No quiero volver a saber de ti nunca en mi vida.
Te deseo buena suerte.
Es todo).

—Entonces, envuelta en la derrota, con determinación extrema, agria, iracunda, tomó la determinación de irse.

—¡Por Marco Antonio y Cleopatra!

—Fue un domingo. Fue un domingo a la madrugada cuando se fue y me dejó, inerme por completo, se había roto hasta el último resorte de mi voluntad, y no moví un dedo para retenerla; por más que me miraba como suplicando que la detuviera, no lo hice. No quise. No pude. El miedo atenazaba a mi conciencia, que había asomado descabelladamente al fondo del más allá. Me sentí como víctima de una audaz treta, una ambiciosa y mísera estafa, y, al mismo tiempo, a gusto y en paz contemplando las primeras alabanzas del amanecer.

—¡Por Fedra e Hipólito!

(Ya se venció por completo mi candidez,
la ingenua esperanza de que mi amor te cambiaría,
de que mi amor sería más fuerte que la vileza de tu maldito hábito).

—Ella, por su parte, me había expulsado ya de su corazón, de su alma. Se marchó a una tierra quimérica. Fue una sacudida como de escalofrío, de fiebre. Pensé, sentí, supe sin lugar a ninguna duda que no volvería a verla nunca. Y eso me dolió peor que un puñetazo en la nuca, o en medio de los ojos, o en la boca del estómago. Uno de los episodios más infernales de mi existencia, le aseguro.

(Adiós por última vez.
No me busques, Emilio.

No quiero ya nada contigo.
Te deseo lo peor).

—Sí, cuánta precariedad, me imagino.

—En vez de me imagino, debió usted haber dicho: ¡Por Paolo y Francesca!

—Sí. Hubiera estado magnífico.

—Já. De seguro le han de estar ardiendo las orejas.

—Pobrecita, pero bien ganado se lo tiene. Y si abrimos otra botella, faltaba más.

—Salud/salud.

—Y así como sin querer, o queriéndolo, no sé, comencé a construir el recuerdo. Será porque los recuerdos ya son una costumbre en mí y salen solos, a como Dios les da a entender, arbitrariamente, como si tuvieran vida propia.

—Quizá la tienen. A mí me agrada sobar la idea de que actúan por su cuenta, como los sueños, como los artificios de la imaginación.

—Es que debió conocerla, Bartolomé.

—Todo un caso la mujer, eh.

—Toda una mujer, en todo caso. ¡Una mujer de primera! Bella entre las bellas; y cuando digo bella, digo de pies a cabeza; bella sin un milímetro de desperdicio. Yo la veía como no había visto jamás a una mujer antes de topármela a ella. O mejor: como si fuese la primera mujer que encontraba en mi existencia, la predestinada, la indudable, la insustituible.

—Usted continúa como quien acelera yendo sin frenos y en bajada. Todas las veces va a dar a la misma mujer, estando el mundo tan sobrado de mujeres.

—Sí, Bartolomé, estaba enamorado, Increíblemente enamorado, ¿se da cuenta?

—¿Estaba?

—Es cierto, aún la amo profundamente. Y siento que si la olvido, me muero.

—A usted como que le fascina remover el charco y que parezca que el agua está muy profunda.

—¿Y qué es más profundo, Bartolomé, lo que en realidad sucedió, o lo que uno soñó que sucedía, o lo que nunca llegó a suceder?

—Se extravía usted condenadamente entre sus quereres y sus dolencias.

—El dolor ya no lo siento, pero la sensación del dolor no deja de mortificarme.

—Me confunde usted, y me empuja a la incredulidad cada vez más, todos estos ires y venires me resultan muy raros, muy difíciles de creer, si le he de ser honesto.

—Sí, ya sé, mis recuerdos son imperfectos como los de todos, los de cualquiera, y por lo mismo, imprecisos, evanescentes, y se modifican al paso del tiempo. No obstante, le juro que la alegría y la felicidad, mi vida era ella, de ella, para ella, desde ella, por ella. Y siento que todavía me gusta y la deseo y quiero trenzarme con ella, estar en su cuerpo, sentirme vivo en su cuerpo. Es como si amara a todas las mujeres en una sola mujer. Así me juega las contras mi destino.

—No conozco un solo destino obediente a la voluntad o los anhelos del hombre.

—Es mucho muy cierto, sí, el control y el poder no dejan de ser ilusión, apariencia. Mi mayor deseo era que nuestras cenizas reposaran en la misma urna.

—¡Por la costilla de Adán!

—Salud/salud.

—¿Está cansado, Bartolomé? No quiero incomodarlo.

—Tranquilo, todo está en orden. Estoy muy a gusto escuchándolo.

—No pretendo saturarlo ni abusar de su paciencia.

—Descuide, pero dígame una cosa: ¿Me miente usted? ¿O se miente a sí mismo? ¿O a los dos?

—¿Cómo dice?

—¿Le mentía a ella?

—Usted quiere de nueva cuenta desviar mi atención, lo veo venir.

—Quiero saber si miente, nada más. La mentira, en ocasiones, es una gratificación, un estímulo, un impulso.

—Permite que corra el agua estancada, ¿es eso lo que quiere decir?

—Sirve para solventar los asedios de la adversidad. Y las manías de la soledad.

—Tiene usted razón. Ya no tengo por qué esconderme.

—¿Para beber, digamos?

—Ella odiaba que yo bebiera. Se avergonzaba de mí. Y casi no pasaba un día sin que me lo reprochara.

—No se ponga nervioso. No pasa nada.

—Yo me pongo como se me da la gana.

—Épale, conmigo no tiene que ocultar su condición. A mí no me asusta en absoluto su avidez por el alcohol.

—¿De qué diablos está hablando? ¿Quién se cree que es, eh? Ya está usted igual que ella, sacando conclusiones fáciles y estúpidas, acusándome de vivir en una mentira total, de estar liquidando mi propia vida.

—Se comporta usted irracionalmente.

—Le prohíbo que me hable en ese tono, con esa actitud de superioridad.

—No se altere, por favor, reconozco que fue un comentario imprudente.

—Ella estaba sola y yo tenía que ocuparme de ella, ¿me entiende?, me necesitaba a su lado todo el tiempo, ¿quién sino yo la mantenía sana y ecuánime? Yo era su asidero, su único alivio. Era un manojo de nervios, la pobre mujer. Y usted me viene de perdonavidas, ¿con qué derecho?

—Ya, déjese de niñerías, no sea necio, reflexione.

—Tiene razón. No crea nada de lo que le dije, perdóneme, se lo ruego. Ojalá algún día pueda perdonarme.

—Usted sabe cuánto aprecio su amistad, el que haya venido y me haya contado todo lo que me contó.

—Todas mis mentiras. Que para mentir me basto solo, ¿verdad?

—Sus obsesiones. Finalmente, todos estamos retacados de obsesiones.

—Já. Las mías no me reportan ninguna utilidad, ni logran resarcirme de nada.

—Ya va siendo hora de que siente cabeza, de que ponga los pies en la tierra, ¿no le parece?

—Pero, luego de cuatro años de tristeza, ¿cómo volver a poner los ojos en la realidad? Cómo, míreme, enfermizo, anulado de intuiciones y figuraciones, carente de calma, incluso de apetencia corporal alguna, sin íntimas lisonjas, exaltaciones o efusiones, ninguna vehemencia a la mano, a la vista del alma, ni una sola proximidad que me aclimate en lo sentimental, en lo esencial de la conciencia.

—Caray, hombre, no sea tan amargo. Eso se oye como debilidad, como trivialidad del espíritu.

— ¿Me está diciendo que tengo un espíritu mediocre?

—No, por Dios. Sólo un poco débil, y dicho sin intención de ofenderlo.

—Perdóneme, Bartolomé, tenga compasión de mí, confío en su extrema bondad. Sea indulgente.

—Yo no tengo nada que perdonarle.

—Lo dice de una forma, como si me despreciara.

—¿Qué le pasa? Yo no soy nadie para juzgar, menos para sentenciar o absolver, lo de cada uno es cosa de cada quien.

—Me aborrece usted, no lo niegue, se le ve en la cara, en esa su expresión altanera y su manera de enchuecar la boca, haciendo esa sonrisita socarrona.

—Oiga, ¿se ha vuelto loco?

—¿Loco? Ora sí se pasó de la raya, Bartolomé.

—Es un mero decir, no es para que se insolente.

—Usted también quiere abolirme, exterminarme como a una rata.

—No exprese desvaríos ni sandeces que después ya no podrá rectificar.

—Nunca me arrepiento de nada de lo que digo.

—Ah, de veras que no tiene usted salvación, eh.

—Digamos salud.

—No. Creo que ya bebimos suficiente.

—Una más, Bartolomé, sólo una más.

—Ya fue bastante.

—Vamos, ¿qué le cuesta? Una y ya. Se lo suplico.

—Ni una.

—Entonces me largo.

—Oiga, no, espere.

— ¡Me largo!

—Deténgase.

—¡Dije que me largo!

—Venga, siéntese.

—¡Y me largo!

—Está bueno… Una más, para descargar la tensión…

—¡Métase su aguardiente por donde le plazca!

—Hay que seguir conversando.

—¡Y su conversación también!

—No sea rencoroso, caray… Yo, al contrario de usted, hace mucho que no duermo… Y no estoy convencido del todo… Regrese, pedazo de grasa vieja… Ni siquiera me ha dicho el nombre de ella…

Invicto en la sombra

¿No habrá nada que me conmueva las entrañas?
¿Nunca ya?

W. Faulkner

1

Todos los días, sin necesidad de reloj, despierto a las seis y media de la mañana en punto. Realizo tres respiraciones profundas y arriba, fuera de la cama. Todavía en calzoncillos, pues no uso piyama para dormir, voy a la cocina y me preparo un jugo de naranja que tomo batido con dos yemas de huevo. Luego me pongo un pantalón deportivo, dos sudaderas, la de encima con capucha, y unos zapatos blancos de suela de goma. En invierno acostumbro llevar calcetines afelpados, gruesos; en las demás épocas del calendario, me calzo los zapatos blancos sin calcetines. Guardo las llaves junto con una identificación en un bolsillo de la sudadera; salgo del departamento; sin cogerme del barandal bajo de dos en dos los escalones de los cuatro pisos; antes de cerrar la puerta de calle del edificio, por precaución, miro a izquierda y derecha; empieza a formarse la mañana y me introduzco en ella, tranquilo, privilegiado; me dirijo al parque que está a dos cuadras de mi casa. Hago gimnasia durante quince minutos y corro, trotando, a lo largo de media hora, por un amplio sendero de grava entre dos hileras arboladas. Observo esta rutina de martes a domingo. En alguna ocasión, hace ya bastantes años, decidí que el lunes sería mi día de descanso. El ejercicio físico, desde la infancia, se convirtió en parte insobornable de mis hábitos. Poseo un cuerpo largo, delgado, flexible, duro. A las siete y cuarenta y cinco estoy de regreso. Hago girar tres veces la llave en la cerradura, esto me proporciona una especie de seguridad, aunque a veces esto mismo es lo que suelta las riendas a mis pensamientos catastróficos: ¿y si hay un terremoto, o un incendio y tengo que salir corriendo y la puerta está tan bien cerrada y en lo que tardo en abrirla ocurre el derrumbe o las llamas lo consumen todo y mi seguridad se convierte en mi trampa mortal? Ante la apacibilidad de mi expresión quién podría sospechar mínimamente que estoy pensando semejantes sandeces. Mi cara en el espejo nunca me ha parecido repugnante ni despreciable; tampoco he experimentado jamás el deseo desastroso o la imperiosa necesidad de rebanarme el pescuezo. Sobre las sienes, no pocos de mis cabellos son grises, aunque no con la uniformidad que quisiera. Me afeito, me baño con agua fría. No me aplico loción ni desodorante, soy un total adicto a los olores naturales. Dispongo de tres juegos de ropa deportiva, que mudo a diario, lo mismo que de calzoncillos y camiseta. Nunca repito una camisa más de dos días seguidos ni un pantalón más de cuatro puestas. Una mujer insustancial que viene los miércoles y sábados, lava y plancha mi ropa. Es fornida, más o menos cincuentona, fea, trabaja bien y sólo habla lo indispensable. Del aseo diario del departamento se encarga una chiquilla de catorce años, hija única del portero del edificio, medio tullida, que usa unas botitas bastante curiosas y tiene algo desdeñoso e inaccesible en su actitud, una presuntuosa y fría, monótona sonrisa impertinente, inexpresiva, exagerada, que no le devuelvo ni sé qué hacer con ella. La esquivo cada que puedo. Sobre todo, trato de no enfrentar su mirada, que es como una ventana que no da a ninguna parte, oscura y profunda como un precipicio. Sus ojos poseen una fuerza amarga y resentida que soy incapaz de descifrar, de soportar, un poder que me absorbe, implacable, me debilita, mina el vigor de mis sentidos. Y no es que sea siempre así, habré tenido la impresión un par de oportunidades, mas con eso es suficiente. Salvo esta especie de molestia, todo está en su sitio. Procuro exprimir cada minuto, sacarle al tiempo su máximo provecho. Soy un habitante del desierto en medio de la ciudad. Un testigo de la vida, un vigilante que se confunde con lo que vigila. Más apto para la soledad que para la convivencia. Pienso, antes de desear. Me separo de la sociedad agónica para encajar mejor en ella. Disfruto metiéndome en secreto a soñar los sueños de los otros, aunque no comulgo con sus verdades ni sus creencias. Las contradigo, más bien, les doy la espalda. Puedo equivocarme, pero no me engaño. Trabajo en hacer las mentiras ciertas y, de ser posible, duraderas. Recurro a menudo a mi inventario de recuerdos, voy al pasado, el más reciente, el único deseable, a tratar de recuperar, de restituirme lo perdido, eso que me empeño en resucitar.

2

Termino de desayunar y a las nueve y media en punto, con una taza grande de café sin azúcar, me siento frente a la computadora. Trabajo hasta la una treinta. Escribo breves historias truculentas para una revista grotesca. Gano lo suficiente para hacer exactamente lo que quiero: estar a solas conmigo mismo, y con mis fieles recuerdos. Luego de redactar cuanta porquería me viene a la cabeza, a lo largo de cuatro horas en las que procuro no pensar, me arreglo y voy al restaurante donde como todos los días de entre semana. La ceremonia de quitarme la bata de entrecasa y las pantuflas, seguida de la de arreglarme, es algo en lo que me aplico con absoluta minuciosidad, con la precisión de un obseso. En ocasiones, no muchas, lo reconozco, me pregunto cuándo fue que los astros de mi destino se soltaron de su eje y empezaron a girar en sentido contrario, de dónde, de qué sombra de mi pasado proviene esa meticulosidad maniática que poseo. O que me posee, como expresó alguna ocasión una mujer que, al igual que a la mayoría de las mujeres, le faltaba capacidad de comprensión y le sobraba instinto maternal. Las mujeres, en verdad, nunca han sido un problema en el desarrollo de mi existencia. Ni un problema ni ninguna otra cosa, más allá de que en ciertas oportunidades me han servido en la misma medida en que ellas me han sido útiles a mí. A este respecto, soy honesto y objetivo. Mis relaciones se fincan por lo regular en un acuerdo tácito, fundamental, sencillo y honrado: ellas me utilizan para confidenciarme las insatisfacciones y las amarguras de su existencia y, a cambio de escucharlas, me permiten utilizar su cuerpo. No necesito a nadie ni a nadie le resulto imprescindible. Sé vivir con mi propia sombra, y vivo muy bien. No tengo pareja y no me vuelvo loco por tenerla. Hace ya bastante tiempo que desterré el amor de mi agenda de posibilidades. Amé de manera insobornable a una sola mujer en mi vida, a una sola. Rosaura. Cuando se presentaba alguna candidata para ocupar la vacante que ella dejó, invariablemente era sometida a una desconsiderada, desventajosa y arbitraria comparación de la que Rosaura salía vencedora, definitiva, íntegramente victoriosa. Hoy se encuentra desdibujada en mi memoria. Apenas la recuerdo, sin embargo, no olvido, jamás olvidaré ni perdonaré su deslealtad, la irremediable, la inmodificable deslealtad que cometió conmigo al morirse. No tenía ningún derecho a morir una mujer tan amada. Fue una muerte joven y absurda. Me quedé al margen, la muerte me hizo a un lado, me desajustó de su presencia. La muerte, ese designio superior que hay que acatar sin reprochar ni preguntar nada, porque diga uno lo que diga, haga lo que haga, no sirve en absoluto, o nos sirve si acaso para incrementar la zozobra y ratificar el dolor, la pústula de la incertidumbre, hacer más prolongado ese periodo de indefensión y desidia en el que cancelé por completo los cuidados de mi salud, en el que parecía que precisaba terminar conmigo, destruirme, no saber nada de nada, estar durante días y semanas y meses debatiéndome entre la aspiración y el temor a la muerte, que representaba la sanación definitiva de la pena, la fuga mayor, incontrovertible, seguir adelante, humillado, puesto de rodillas ante la magnitud de la catástrofe, mi conciencia y mi voluntad fluctuando entumecidas, consumido por dentro, reducido a una ruina de hombre, postrado en la angustia de haberla perdido de esa forma cruel, espantosa, martirizándome, revolcándome en la desesperación, en la impotencia, y evocándola, amándola, llorándola. Murió Rosaura, mi Rosaura, dejándome sólo la oprobiosa obligación de sobrevivirla. Ya nada fue lo mismo. No volví, no he podido, nunca podré volver a ser el de antes. Su partida me condenó a la soledad por el resto de mis días. La ausencia irrevocable de Rosaura fue la cuota infame que pagué por haber sido feliz a su lado. He comenzado a imaginar lo que voy a escribir acerca de mi amor y de su muerte, de la muerte, que tiene vida propia. Aunque no escribir a manera de catarsis, no como si tuviese la apremiante necesidad de expulsar del fondo de mis entrañas el acosamiento de un fantasma insoportable, sino porque publicar estiércol me ha rodeado de un voluminoso prestigio y hay un editor que, con euforia de caja registradora, se interesa en *minovela*. Y creo que sí, que puede ser un éxito comercial.

3

Muchos años de comer solo. Y vivir solo. No cualquiera puede hacerlo. La mayoría no lo consigue. El temor a la soledad y esas cosas. Tener alguien cerca, ¿para qué? Para fastidiarse mutuamente la existencia, por ejemplo. Para tener a quien culpar de todo lo que nos pasa. Para tener de qué arrepentirnos, de quién avergonzarnos. No va más allá la historia de las relaciones, la rancia anécdota universal de ese engaño multiplicado al infinito que es la pareja humana. Así ha sido, y así será. A la Abeja Dueña de La Colmena, el restaurante donde vengo a comer todas las tardes, le gusta consentirme, y me mira como si me tuviese lástima. *Pobre*, ha de pensar, *un hombre sin mujer*. Lo mismo que se imaginan y dicen los conocidos que frecuento o, mejor dicho, que saludo de vez en cuando. La gente, al menos muchas de la que conozco, tienen una pasión compulsiva por andar metiendo las jetas en lo que no le importa. Invariablemente están alertas para detectar las debilidades, las desviaciones, fallas y descomposturas del prójimo y, por supuesto, dispuestos con generosidad y nobleza a arreglarlas. ¿Por qué no aprenden a identificar y a componer las propias? ¿Por qué no aprenden a vivir solos y en paz consigo mismos? No comulgo con los buenos, los piadosos, los preparados a entregar la vida por ti siempre y cuando sigas sin chistar sus atinadas indicaciones, sus sabios consejos, sus órdenes irrefutables, los que te restauran, te rehabilitan, te perdonan, te salvan de cualquier amenaza, de cualquier catástrofe, de cualquier humillación, esos que con una sola mirada saben lo que es más saludable y conveniente para los otros, esos que quieren a toda costa controlar, rescatar, cambiar la existencia del que se les para enfrente, los hacedores de todo lo conveniente para que triunfe el bien, para que tú accedas a vivir la mejor de todas las vidas posibles. Qué sería de los vulnerables de este planeta sin esa integridad, ese apoyo, ese liderazgo puesto a su servicio. Claro que para que haya ojal tiene que haber botón. Hay metiches porque siempre hay alguien desamparado aguardando a que le resuelvan sus problemas, que le indiquen lo que tiene que hacer, que elijan y decidan por él, o por ella, según el caso. La comodidad de tener quien cargue con la responsabilidad de lo que a mí me toca. El mundo sería otra cosa si sus habitantes consentidos no fuesen tan dependientes unos de otros. *Yo nací el día que te conocí, por eso te necesito para ser feliz para respirar para saber si me veo bien si estoy bien si está bien lo que hago. Así me dijiste que debería hacerlo y yo te obedezco, cumplo con mi obligación contigo y con los demás, ustedes ordenen que yo estoy para servirles, aun por encima de mi propia salud, mi propio bienestar, mi propia verdad, nací para complacerte, para brindarte la dicha que nadie te ha brindado.* Vivir en sociedad, he ahí la trampa. La Abeja Dueña me observa comer, paciente, tolerante, apacible, con una condescendencia que no oculta su actitud reposada de amante laciamente satisfecha. Es una de esas gordas atractivas que no obstante sus descomunales pechos derramados y la amplitud animal de sus caderas, conserva una sugestiva esbeltez, un seductor molde adolescente en la cintura. Supongo que aún ha de resultar fascinante para los hombres que apuestan su cordura a la abundancia de la carne. Tiene *buena mano* para la comida y eso también es algo importante. Pobre hombre sin mujer que lo alimente y le caliente la cama, suelen expresar la ternura de sus ojos y la conmiseración de su complacencia. Lindos sus dientes, por otra parte, anchos, parejos, fuertes, blanquísimos. Acostumbrada a mandar, que ni qué, y a no admitir competencia en su territorio. Por eso, quizá, sus dos meseros son dos jotos esbeltitos y aquiescentes, de ese estilo común de jotos que resultan deleznables por su mansedumbre, por su insolvencia para ver la realidad de frente, su resignación de mártires pidiendo perpetuamente un perdón que los libere del pecado. Ella los vigila como desde una atalaya, y no puede ocultar que les tiene consideración y aprecio. A la hora en que empieza a llegar el grueso de la clientela, ya terminé de comer. Pago, me despido con un ademán y una frase convencionales de la gorda y de los jotos y vuelvo a casa. Hojeo, la mayoría de las veces sin interés, un par de periódicos y, en seguida, decido lo que voy a hacer por la tarde. Admirar la belleza de los volcanes, leer, escuchar música, resolver crucigramas, una afición que traigo conmigo desde la adolescencia, o ponerme a urdir anécdotas vulgares, anodinas, procaces, a idear personajes de preferencia un tanto inverosímiles, dislocados, y un tanto morbosos, cínicos, para satisfacer al respetabilísimo lector. Ocasionalmente distraigo mi ocio midiendo cómo el sol se sumerge en el horizonte y le cede su lugar a la noche, la experiencia interior incanjeable de sentir la duración de un crepúsculo. O me hundo en la contemplación de la última foto de Rosaura, palpitante de intimidad, sensual, sonrosada, su expresión franca y resplandeciente que ya no ensombreció el paso de los años, que la dejó inmodificable, fija para siempre. Nunca me canso de admirarla, de sentirme atado a ella, amparado por ella, de tocarla, platicarle, acariciarla, tramar distancias en su piel. Una cosa que no podía evitar era verla cada vez con asombro, con un sumiso éxtasis, una conmovedora ternura, un orgulloso e inalterable fervor. Cómo me regocijaba en lo que me gustaba y hasta en lo que no me gustaba de ella. Mi Rosaura, que ahora se encuentra… en un continente… espiritual. Cambió el continente de los humanos por el continente divino. Ahora está en verdad más allá, lejos, infinitamente lejos de cualquier intento de comprensión. Pocas veces tengo un compromiso que me distraiga fuera de casa. No soy, es más, detestaría ser un ocioso social de tiempo completo. Debo tomar esto en cuenta, pues ya necesito comenzar a escribir *minovela*. Nadie debería amar tanto como yo amé a Rosaura.

4

La muerte de mi padre fue una de las primeras historias crueles que escribí para esta publicación semanal y a la gente le encantó, les pareció una intriga siniestra, aunque emocionante. Desde chico me fugué de la realidad por medio de los pensamientos obsesivos, pero sobre todo de la fantasía: si conocía a una mujer y me gustaba, de inmediato empezaba a imaginar, a inventarme desde una novedosa salida con ella a tomar nieve de limón o de guanábana, hasta cómo vencíamos timideces y creencias venidas a menos y ya libres de camisas de fuerza gozábamos de nuestros cuerpos la primera vez, pasando por largas caminatas en el parque, idas al cine, a los museos, a la montaña rusa, tardes cálidas y tranquilas, pláticas inacabables frente a una taza de café; ideatizaba si nos casábamos como Dios dicen que manda o nos íbamos a vivir juntos así nada más, por desafiar y vencer a la familia y a la sociedad, por defender nuestras convicciones sobre el hombre nuevo y la nueva mujer, aunque luego llegan los hachazos del día a día, quién acuñó aquello de que el tú y yo hace la fuerza y que juntos los dos podemos cualquier cosa, ay las dulcísimas promesas transformadas en condiciones ruinmente deplorables, habitar un infeliz departamentito desangelado y horrendo allá en un barrio periférico feo y mugriento, los obstáculos para conseguir trabajo, de lo que sea, no importa, lo que caiga y al carajo la dignidad, la vergüenza, hay que pagar la renta, hay que comer, qué duro empezar a mirarse sin los disfraces de la ilusión, el ensueño de la dicha eterna cada vez más deslucido, más opaco, qué lóbrego enfrentarnos a ser penosamente reales, carne y hueso y pies encajados en la tierra, lo que requerimos no son palabritas envueltas en papel celofán ni cariñitos ni besuqueos formidables sino dinero, harto dinero para calentarle los ánimos al feroz invierno del corazón, los desafíos del amor eterno e indestructible nos quedaron en definitiva muy grandes, criaturas patéticas, tensas, quebradas de lágrimas, súplicas, reclamos, de quién es la culpa, me engañaste, en qué fallé, el griterío anhelante, por qué me ignoras, insultos, chantajes, la boca quejumbrosa, no me rechaces, por favor, perdóname, no me dejes, heridas nuevas sobre viejas cicatrices, ay de haber sabido, humillaciones, amenazas, vernos las caras desencajadas, ensombrecidas, profanadas por la miseria, enardecidas por la ira, los pleitos convertidos en el pan nuestro, y al cabo de tanta decepción, tanta amargura, tantísimo resentimiento, el final infeliz, la rabiosa separación odiándonos irremediablemente; o si mi imaginación cambia de escenario y de atmósfera entonces padecemos la muerte repentina y terrible de uno de los dos cuando más nos amábamos, cuando el porvenir nos prometía qué par de viejitos lindos que íbamos a ser, y quizás hasta con suicidio brutal del que quedaba vivito y padeciendo, triste como un pájaro inmóvil bajo la lluvia, aunque más triste aún porque su tristeza es para siempre. Me encantaba inventar la realidad, modificar la verdad de las cosas, el porqué sucede un encuentro, por qué una ilusión que surge de modo espontáneo se convierte de un día para el siguiente en un remedo complejo y agonizante. Me fascinaban los desastres íntimos, las catástrofes sentimentales, las esperanzas desafortunadas, las pasiones inútiles. Otra fórmula de evasión era el dar por hecho algo en la mente y ya no intentar nada concreto para llevarlo a cabo: un deseo, un objetivo, una meta, un sueño, un ideal, lo que fuera, si ocurría aquí dentro intensamente, si lo agotaba en el pensamiento, era como haberlo realizado y ya no me quedaba ni fuerza ni disposición para cumplirlo en la práctica. Todo era poner en marcha el motor mental y a ver quién lo paraba. Por eso cuando se trató de redactar historias "de amor, de locura y de muerte", se me dieron fáciles. Esto sucedió varios meses después de morir Rosaura, cuando conseguí por fin aceptar lo irrevocable de su ausencia, cuando pude sacudirme el suplicio de la obsesión y su recuerdo dejó de ser un sueño terrible, cuando determiné bajarme del carrusel de la autocompasión y me puse otra vez en movimiento y ya ni quería ni me era posible volver a la agencia, a pesar de que nunca se me cerraron sus puertas, así que repasando la baraja de mis posibilidades de sobrevivencia económica, recordé que en alguna oportunidad me habían invitado a escribir en la revista, acudí a ver de qué se trataba el asunto, y en menos de cinco colaboraciones obtuve una sección propia y toda la cosa, y un buen día, sin proponérmelo demasiado, me puse a punto del primer plano y acabé siendo el escritor estrella de la publicación. Resulté una inversión definitivamente lucrativa, para el editor y para mí. Cuando se publicó la historia que inventé sobre mi padre, me di cuenta, o tuve conciencia clara, mejor dicho, de que llevo su mismo nombre, Hugo Santiago, lo que causa en ocasiones que algún imprudente, queriendo quedar bien, lo saque a relucir. Para mi desgracia, físicamente soy muy parecido a él. Hacía mucho que había dejado atrás la práctica del odio, pero ese día volví a odiarlo.

5

Como sucede siempre con los recuerdos, el de Rosaura, los inacabables recuerdos que tengo de Rosaura, mejor dicho, se encuentran ya deformados en mi mente. En realidad, la he olvidado, pero su ausencia es un dolor que nunca ha dejado de doler, una herida que no ha cerrado jamás. Lo que me queda de ella son apenas fragmentos efímeros, fugaces fuegos de artificio que más tardan en aparecer que en apagarse. Es mi capricho, no la memoria, el que en ocasiones me sugiere un reflejo vertiginoso de su imagen. De eso estoy convencido. Cada que necesito evocarla, la invento. Aun cuando sus fotografías me cercioran de quién era, de cómo era, su pelo, sus ojos, sus labios, lo que resulta es una figura extraña, incompatible con la mujer real que amé. Los recuerdos mienten, y mi memoria miente, la representación —bella sin duda— que muestran esos retratos es una impostura. ¿Qué puede ser en verdad lo que nos queda de un ser amado que muere? En un principio no fue mi pensamiento, fue mi cuerpo el que se resistió a la idea aplastante de la muerte, a la presencia inaudita, insólita, concretísima de la muerte. Era mi cuerpo completo, no yo, el que la imploraba, el que se urgía de ella, el que sentía rabiosamente que la existencia toda carecía de un motivo sin ella. No era mi razón, era mi cuerpo, eran los sentidos instalados en mi cuerpo los que padecían el no verla, no tocarla, no aspirar su fragancia, no gustar la tibieza de su boca, no oír su voz, era mi cuerpo sin ella el que se atormentaba, el que sufría. En muy pocas horas uno puede experimentar en carne propia hasta el último suburbio del infierno, y requerir después de muchos años para expulsarse de él, o cuando menos para acostumbrarse a vivir entre sus llamas. El infierno arresabia de manera irremediable a quienes lo han conocido. Marca por dentro y por fuera, marca todo lo que uno toca, todo lo que se acerca a uno incluso mínimamente, lo marca. Y se convierte uno en un extranjero en el mundo, un ser por entero ajeno a la vida. No es amargura, no es desencanto de estar vivo. Es el infierno, algo difícil de expresar y de comprender, porque se trata del infierno del cuerpo. Quizá por eso no le perdono a Rosaura su muerte. Ella se murió y ya, pero yo me quedé, amándola día y noche, amándola sin alivio todas las horas de días y noches sin fin, mientras mi mente la transfiguraba, la reinventaba para permitirle soñar a mi cuerpo. Durante unos años, después de muerta, Rosaura continuó durmiendo en mi cama, comiendo en mi mesa, sonriendo en cada uno de los espacios de mi casa, siguió latiendo en cada uno de los segundos de mi corazón. Tardé mucho en dejar de mirarla, tocarla, escucharla, de repetir obcecadamente agonías y resurrecciones. Tardé un minuto, tardé uno a uno innumerables siglos, ulcerado, colmado de resentimiento y de ira contra el destino, contra la vida, contra Dios, ese depredador que ni siquiera se atreve a dar la cara. Y contra el género humano, contra el amor. Y contra mí mismo por haber creído en el amor, en el género humano, tan dado a conformarse con los sentimientos falsos, con las tragedias artificiales. Con la fe, que según creía Rosaura, es indispensable para que exista el amor. No hay amor sin fe, decía. Y yo hoy carezco de fe, de amor, de Rosaura. Su muerte fue y es todas las muertes, la muerte misma.

6

¿Desesperanzado? No. En lo mínimo. La esperanza es asidero de ilusos. ¿Desolado? Eso sí. Una desolación como una herida inmensamente abierta, irremediable, es la que padezco. La llevo soldada en los huesos, plomo derretido en mis arterias, lepra taimada que no se mide con los ojos, que se percibe a ciegas, más bien, y ahuyenta. Qué mejor. Creo haber mencionado que no me agrada la gente. Me fastidia su terca tendencia a la conmiseración, sus actitudes sumisas y ladinas no me causan ninguna gracia. La amistad, si no es alcahueta y compasiva, no es amistad, parece ser el lema principal. Y yo ni la doy ni la admito. Que se amiguen y se compadezcan entre ellos. La desolación y la soledad que me habitan no requieren de testigos, ni de remansos ni de paliativos. Mis periodos de sueño son cortos, de cinco a seis horas, no necesito más, y no tomo pastillas para dormir ni nada parecido. Desde mis ventanas, en los días limpios, me deleito con la formidable majestuosidad de los volcanes, su helado mutismo. Puedo pasarme toda una tarde, una tarde completa, observándolos con un deleite excesivo, casi voluptuoso, altivos, sigilosos, impenetrables. Y luego el gozo del crepúsculo, ese apoteósico instante irrepetible, ese maridaje de fulgor y sombra que siempre pone en suspenso al mundo. Las tardes grises, en cambio, las tardes en que algo en mí no se soporta ni me puedo sentar a escribir sobre Rosaura, gestora de tantos recuerdos en mi imaginación, me voy a leer a una cafetería inaudita, una vieja cafetería donde no hay televisor ni músicas estruendosas y la clientela escasea. Pido un café que nunca pruebo; las horas pasan; leo, apunto notas que después jamás uso. Antes iba al cine con cierta frecuencia, pero los cines ya se han vuelto imposibles en esta ciudad. La gente los ha vuelto imposibles. La gente ha vuelto imposible el mero andar en las calles, sentarse en la banca de un parque, pararse sin quehacer definido en una esquina. Peor que las cucarachas y las ratas, las gentes. Peores en su pulular estrepitoso, en su apariencia repulsiva, en su irracional compulsión por destruirlo todo, en su violencia, en su fetidez, en su malignidad. Sus paradigmas inútiles. Sus lealtades artificiales. En la medida que me rehúyen, esquivo yo su trato. Yo, la lepra. Ellos la peste. Tenemos justa motivo en mantenernos a distancia. Cada quien infesta el planeta a su manera, cosa de cada quien. Los adeptos de la frivolidad arguyen que vivo cansado, aburrido, que carezco de entusiasmos y conciencia, que soy arrogante e inescrupuloso. Algo de razón han de tener, a fin de cuentas. Sí, es cierto, no soy ni pretendo ser como la mayoría. Pero no me considero triste, descorazonado o infeliz. Solitario, sí. Presuntuoso, también. Y vulnerable, no lo puedo negar. No conozco a ninguna persona que en pequeña o en gran medida no lo sea. Puede uno esconderse tras los disfraces del poder, de la fuerza de voluntad, de la autosuficiencia absoluta, pero en lo más hondo de uno, ahí está la vulnerabilidad. Yo sé, y no necesito saber más de lo que sé, es lo que digo. ¿Habrá alguien que sepa cómo piensa otro alguien, cómo siente cualquier otro, cuando las más de las veces ese primer alguien no sabe siquiera lo que él mismo piensa, lo que siente realmente? ¿Y qué quiere decir pensar o sentir realmente? Porque para cada quien eso es algo diferente, tiene que serlo, no existen dos seres que podamos pensar, sentir, saber realmente lo mismo. Y eso hace que aunque seamos lo más común, lo más vulgar o adocenado que se quiera, somos únicos, en esencia somos distintos, y si no es así, hay alguien que en verdad nos está tomando el pelo, y nosotros le seguimos la corriente sin saberlo, y los que lo llegan a saber, o a intuir siquiera, son los ajenos, los hijos del misterio, los anónimos del mundo que les quedan grandes, demasiado grandes a los demás, a los que pasan de largo por la vida, endiabladamente hundidos en sus pequeñeces. Así pues, está bien que hablen de mí, que especulen sobre quién es Hugo Santiago, que se figuren lo que se les pegue su despiadada gana, está muy bien, requetebién, si no hay secreto en la existencia, qué caso tiene.

7

Parecería, pero no soy de los que platican con las paredes de la sala o lloran sangre frente a los espejos cuando llega la oscuridad. Sé sonreír, y lo practico cada que se requiere. Sonrío a los fotógrafos de prensa, pongamos por caso, y al idiota director de mis publicaciones, y a su idiota secretaria. Si me vendo, o vendo mi talento para sobrevivir, la sonrisa va incluida en la paga. Igual que los payasos y las prostitutas. Mis dientes, además, no tienen de qué avergonzarse, son de buen tamaño y no están chuecos ni manchados de nicotina. Las facciones de mi rostro, mi máscara, quién lo diría oyéndome pensar, no resultan desagradables, si bien simpatía o buena voluntad es lo último que proyectan. La costumbre de correr mantiene a mi cuerpo sin grasa y a mi cara sobria, angulosa. También le sonrío, por esquivar el abismo de su mirada, a la chiquilla tullida que asea los espacios de mi casa. Cuando por un descuido (ella me saluda, o me pregunta si puede mover unos papeles para limpiar) mis ojos topan en sus ojos, siento una especie de alarma, un sólido aviso instintivo, y me pongo en guardia como un animal que el viento alerta sobre el peligro. Tiene escasos catorce años y carece del menor atributo de mujer, así que no es por eso. Tampoco la lejana idea de que me conmuevan su fragilidad o su paso irregular, su inadecuado dominio corporal a menudo levemente hastiado. No. Es algo a lo que me empuja, a lo que me atrae. Sé que a veces me observa, y que al hacerlo espera de mí una respuesta. En un principio creí que se trataba de admiración, uno de esos enamoramientos románticos que suelen ocurrirles a las adolescentes, pero muy pronto descubrí, o supuse, que era más como una secreta invocación, un íntimo, hondo, ominoso llamamiento. Advertí, asimismo, que de cierto modo le tenía, le tengo miedo. Bueno, no a ella exactamente sino a esa parte de ella, de sus ojos, que considero un reclamo ineludible, una turbia exigencia. Un mediodía, acababa yo de terminar alguna de mis ridículas historias, la sorprendí en la sala curioseando con toda la cara y con las puntas de los dedos uno de mis retratos (un retrato en blanco y negro de la época de Rosaura). Cuando notó mi presencia, se volvió apenas y alargó hacia mí su sonrisa con una cálida simpatía, una suerte de fervor. ¿Por qué? ¿Qué veía en esa foto? ¿Y las veces que merodeaba enigmáticamente, como una gata silenciosa y astuta alrededor de mi escritorio, entre mis cosas, mis cuadernos? ¿Qué había en mi vida que le atraía tanto? ¿La pulcritud, la meticulosidad, el orden que reinaba en mis libros, en mis libretas de notas? ¿Las vidas foráneas que yo me figuraba y ponía en el papel? Y, en otra ocasión, cuando deslizaba la aspiradora sobre la espesa alfombra de mi estudio, se detuvo de pronto y me dijo, con una ensoñación espontánea, sinceramente alborozada y afectuosa:

—Qué bonita letra tiene usted, así bien parejita, alargadita, a mí me gustaría aprender…

—¿Ya terminaste tu quehacer?

La brusquedad de mi tono la hizo parpadear varias veces. Luego se irguió un poco y:

—Sí, ya —respondió con una vocecita categórica, sarcástica, retadora. Y fijó en mí una mirada de ostensible desprecio, malvada, altanera, burlona, como queriendo desestabilizar mi ecuanimidad, como si quisiera demostrarme el poder absoluto que podía alcanzar sobre mis emociones… sobre mi alma. Y me derribó de mi pedestal de superioridad. Me desconcertó tanto, experimenté tal consternación, tal sobresalto, que permanecí de pie, clavado en una desazón pertinaz, entre enfurecido y perplejo, trastornado, tratando de averiguar qué había pasado, qué suerte de materia pegajosa poseía aquella mirada que había hecho pedazos mi serenidad y había enajenado mi cordura. Sospecho que de alguna manera esta miserable sabe quién soy, porque de alguna manera es igual que yo. Vamos, vamos. ¿No será que estoy dándole sobrada importancia a un incidente menor? ¿No estará mi fantasía jugándome una treta? Es estúpido prestarle demasiada atención a esta muchachita. En fin, sea como sea, su curiosidad parece peligrosa, o por lo menos suscita la sospecha: ¿está haciendo un inventario de mis posesiones?, ¿quiere sustraer algún papel importante, robar algún objeto de valor?, ¿acaso la computadora, la grabadora, una pluma fuente, un reloj de mi colección de relojes de marca, un cuadro, el águila que siento que me representa, un libro? Tengo la impresión de que los libros le atraen particularmente, los ve, los examina, los acaricia cual objetos sagrados, y más todavía los pasquines en los que aparece mi nombre, como si mi nombre fuese signo de prestigio y autoridad, y mis diplomas, y las fotos de Rosaura, la última, sobre todo, quizá porque es a la que yo más acudo, con la que acaso me ha visto hablar, demorarme en mi contemplación. ¿Pretenderá llevar a cabo algún maleficio? ¿Alguna forma de hechicería maligna? La actitud de la muchachita, entre misteriosa e ingenua, entre infatuada y perversa, puede confirmar cualquier cosa, o desmentirla. Su fragilidad es su estigma, y es al mismo tiempo el símbolo de su fortaleza. Yo me debato entre la incredulidad y la rabia. No consigo sustraerme a su indiscreción. Estoy seguro de que me espía, que me explora a escondidas, que vigila todo cuanto hago. A su lado cada minuto dura tanto, como si el tiempo no transcurriese, o como si me impusiera el efecto de una enérgica anestesia.

<hr />

8

Anochece laciamente, sin prisa. El círculo anaranjado alrededor del número siete en el calendario, me recuerda que hoy es día de consentir a mis pies. Así que me dirijo a la cocina y pongo a calentar agua en una olla sobre la estufa. Voy al baño y saco del botiquín el cortaúñas, las tijeritas, la paleta de lima. Recojo la crema y acomodo todo en una mesita redonda junto al sillón del estudio. Mientras se calienta el agua, devuelvo a sus lugares los libros que consulté y leí durante la semana. Apunto en mi mente que debo actualizar las fichas de la biblioteca. Anoto los títulos de las nuevas obras que necesito comprar. Este año debo alcanzar ya los seis mil volúmenes, casi todos comprados.

Detesto a esos autores que se la pasan regalando sus libros, y que además de regalarlos, los autografían. Escritores sin dignidad. Sé que cuando salga *minovela*, si es que la fortuna empuja a mi favor y la concluyo algún día y consigue aparecer, tendré que ir a obsequiar firmas en alguna tienda de lujo, pero no soltaré gratis ni un solo ejemplar. Lo malo del nombre de Rosaura es que suena demasiado literario. ¿Y si lo cambio? A ver, ¿qué pasaría si, para el propósito de inventar la realidad, si para convertir en *otra realidad* lo que fue nuestra vida juntos, comienzo por cambiarle el nombre? Se podría llamar, por ejemplo, Eloísa. Sí, que sea Eloísa la protagonista de *minovela*. Y yo, ¿cómo me llamaré?, ¿y cómo seré y actuaré en esa imaginería?, ¿cómo habré de actuarme como personaje? ¿Hasta qué punto voy a estructurar una leyenda? La leyenda de mi amor por Rosaura tal cual fue, tal cual creo que la viví. O modificaré algunas cosas conforme vaya escribiendo. Estupenda mujer, era lo más que pensaba de ella al principio, y es que Rosaura no figuraba en mi círculo de posibilidades de romance. Era un deseo no previsto, un sueño ajeno. La había visto en varias ocasiones, aunque su presencia, su esencia, mejor dicho, no había llegado a mis ojos, con todo y que su simpatía, su risa, sobre todo su risa, me resultaba de lo más agradable, era una expresión formidable de la alegría, y también de la serenidad, y del misterio. Y, cosa rara, me inspiraba confianza, me hacía sentir muy bien a su lado. Escribiré-inventaré nuestra historia, la recapitulación de nuestra historia acumulada, el recuento a detalle, veraz, de tardes, besos, ensoñaciones, miradas, palabras latiendo entre los dos, la suma cabal de juegos, complicidades, despreocupaciones, la escribiré directamente a la computadora, un capítulo a la semana, veinte capítulos, de diez a quince cuartillas cada uno. Lo difícil será resistir la tentación, el impulso mudable de agregar pasajes o situaciones que en verdad sólo imaginé en mis mejores o en mis peores momentos, tanto estando cerca como lejos de ella. Coloco la palangana frente al sillón; vierto el agua caliente; añado un poco de agua fría para templarla; me descalzo las pantuflas; meto los pies; los remojo diez minutos; saco uno, suavizo las asperezas del talón con la lima; corto las uñas con cuidado, con precisión, utilizando ora el cortaúñas ora las tijeritas; repito la operación en el otro pie; para finalizar, les obsequio a ambos un largo masaje con crema de almendras; no sin satisfacción y orgullo, los contemplo; recojo todo; tiro el agua sucia en el inodoro; enjuago la palangana; devuelvo las cosas al botiquín; llevo la olla a la cocina. En total, poco menos de una hora. Me visto la bata de entrecasa, enciendo la lámpara y me dispongo a leer. Afuera, la noche crece. ¿Dónde empieza el recuerdo? ¿Dónde la imaginación? Rosaura, con su sola presencia, le restituía la dignidad a mi vida. Cada mañana, cada atardecer, cada noche, en cada encuentro, en cada intervalo sin vernos, sin estar cerca, el amor se ponía de nuestra parte. Y por eso nos vivíamos y nos amábamos sin condiciones ni complicaciones, sin cansarnos ni repetirnos, sin inconstancias ni distancias, sin equívoco alguno, nuevos cada vez. En ocasiones, a mí mismo me parece extraño, siento que aún sigo profundamente enamorado de ella. Y no sé si ése sea el puerto de partida y de llegada de *minovela*: Aún sigo profundamente enamorado de Eloísa... Nos faltaban todavía tantas cosas por compartir, por disfrutar juntos; tantas cosas por definir, por nombrar; tanta vida por adjudicarnos. Tampoco sé por qué, al pensar en Eloísa (al empezar a imaginar, a inventar a Eloísa), de inmediato pienso en esa su alegría capaz de iluminar hasta los sucesos más sombríos. Y en su desnudez. En el prodigio perfecto e irrepetible de su desnudez; no en su cuerpo, que era hermoso sin ser en realidad nada extraordinario; su cuerpo era un regalo, pero su desnudez era un prodigio porque reflejaba íntegra su alegría y, por encima de todo, implicaba a su alma.

9

De Rosaura me gustaba hasta lo que no me gustaba. Durante el tiempo que duró nuestra relación, hice las paces con el mundo. Llevé a término mi gran armisticio con la realidad del mundo. Eso también se lo debo. ¿Y Eloísa, entonces? ¿Por qué si Rosaura y yo contrajimos una venturosa unión libre para esta vida y para todas las de después, si decidimos vivir una relación sin ataduras de ninguna especie, escogí para interpretarla en *minovela* a Eloísa, que es una mujer casada? ¿No es ésta ya una deslealtad, una irredimible traición? ¿Y qué papel voy a representar yo, qué estilo de amante llevándole las contras a un marido anónimo, indefenso? ¿Por dónde empezar a desarrollar la historia de mi glorioso amor con Eloísa? ¿A partir del día en que nos conocimos? ¿Desde nuestro primer encuentro a solas? ¿En qué beso, en qué mirada, en qué caricia descubrí, supe que la amaba? ¿Al cabo de cuántas tardes y noches y madrugadas de impecable intimidad? ¿Cómo puedo determinar con exactitud en qué momento me enamoré de ella, cuál fue el instante preciso en que me sentí atrapado en el sentimiento amoroso? La infidelidad de mi memoria es un enorme obstáculo. La memoria de su infidelidad es otro. Aunque infidelidad es una palabra tan hueca, tan espantosa, tan injusta, tratándose de Eloísa. Suena a ruindad, a canallada, a juego sucio, a puñalada por la espalda, a profanación. Y si algo tenía Eloísa era que podía ver a la cara a cualquiera con absoluta franqueza. Amor es la única palabra puntual, la incanjeable. Pese a que yo la quisiera íntegra para mí, sabía que no era posible, al menos no con la inmediatez de mi requerimiento, pues dejó claro desde un principio que no rompería con su marido, eso nunca entraba en sus planes, por ningún motivo, por nadie. Fue sincera, y se lo agradecí particularmente. Sin embargo, no dejaba de cosquillearme la suposición de que algún día; una presunción que ella no alentaba en lo absoluto. Las pocas oportunidades que coincidimos los tres en un mismo lugar, ella imponía una infranqueable prohibición de frontera, era un territorio autónomo y vedado insobornablemente a mi intromisión; el puente, la verdad de nuestro puente, esas veces no servía para nada, o peor, no existía. En esas ocasiones sólo existían ella y él, ella existiendo sólo para él, siendo por igual una mujer dichosa que una niña feliz. La historia, entonces, por empezar de algún modo, podría iniciarse así: Eloísa era casada, y su matrimonio, a la vista de cualquiera, era armonía y felicidad, confianza. No obstante, transcurrido algún tiempo de conocernos, adiviné, supe que llegaría a amarla, a necesitarla de una manera avariciosa, irrebatible. Era de estatura mediana, erguida, lo que le otorgaba una fácil dignidad a su aspecto; tenía los brazos velluditos, un olor casi permanente de mujer acabada de bañar, un cuerpo en el que se conjugaban y se complacían con sencillez las formas de la adolescencia y las de la hermosura en plenitud. Su mirada era a la vez alerta y tímida. Y reía, a veces sin motivo, como para sí misma, reía con modestia, casi en secreto, o reía desenfrenada, escandalosa, incontenıblemente, con una espléndida disposición de espíritu. Su risa, que era su gran distintivo, en no pocas ocasiones me irritaba, tanto la interna como la explosiva, pero en fin de cuentas fue lo que me acercó a ella, lo que provocó mi insospechado amor por ella, y que me permitió conocer la intensidad de una dicha sin rodeos. Porque había algo en su risa que se parecía maravillosa y trágicamente al vértigo frente a un acantilado. Más tarde, una noche como cualquier otra, de manera circunstancial, les prendió fuego a mis ojos y me encendió rabiosamente las ansias de tenerla. Fue un movimiento impremeditado, una leve inclinación y la casualidad de un botón de su blusa suelto. En un segundo, lo que tarda un pájaro en pasarle a uno por la mirada, no fue más que eso, vi el nacimiento apenas insinuado de sus senos y la codicia, una codicia imperiosa de su carne, me reventó como una pústula inmensa y comencé a desearla, a sufrirla con cada una de las partes de mi cuerpo. Éste podría ser igualmente un buen arranque para *minovela*: Encandilados aún, mis ojos guardan un definitivo recuerdo de aquel viejo anhelo. Mis ojos depositados durante un segundo eterno en el asomo sin malicia de sus senos. Sus senos radiantes que me enamoran sin remedio… Y está también la sinceridad con que me expresó que era ilimitadamente feliz desde antes de conocerme, y que lo era conmigo y sin mí, aunque prefería que fuese a mi lado, claro.

—Te amo, te amo como no he amado a nadie más en esta vida, pero no eres tú el motivo de mi felicidad.

Y me explicó que para ella la felicidad era un estado interior, no un asunto de ocasión; una seguridad serena, no una dependencia. Entonces me di cuenta de que todo me gustaba de Eloísa, hasta lo que no me gustaba. ¿Cuál podría ser un mejor comienzo? ¿Cuál resultaría más atractivo, más enganchador?

10

Correr, correr. Trotar parejo, infatigable. Siempre con idéntico ritmo, en el sentido puntual que marca el sendero de grava rojiza. Kilómetros y kilómetros repasados invariablemente, horas y horas recorridas sin sobresaltos ni modificación alguna a lo largo de muchos años, toda una vida de empujar hacia delante para ir, para llegar a ninguna parte. Treinta minutos diarios. Rutina infaltable. Actor que ensaya su papel hasta dominarlo. Mis piernas responden semejantes a los pistones infalibles de una maquinaria. Mi respiración se agita lo preciso, nada más lo de costumbre. Mi cuerpo sabe que lo hago por él, para que se recuerde, para mantenerlo alerta, vivo. Mientras avanzo por el parque una vez y otra, dueño natural de la escena, pisando y estirando, flexionando, procuro advertir cómo brota la humedad del sudor, cómo se manifiesta contra la acuciosa cárcel de mis poros y se extiende sobre mi piel formando una isla breve. Al mismo tiempo, disciplina exacta de la mente, ejercito el método de contar hacia atrás del cien al cero, primero de uno en uno, en seguida de dos en dos, luego de tres en tres. 99-98-97… 98-96-94… 99-96-93… Si me distraigo o me fastidio, pues con la práctica puede resultar demasiado fácil, o si por algún motivo especial necesito concentrarme bien, continúo de francotirador numérico hasta arribar al nueve o al once, tratando de sincronizar la cadencia de la recitación con la de la marcha. El motivo especial puede ser que se me cuele en el pensamiento una de las muchas arbitrariedades del destino, que siempre trabaja como se le pega la gana, o alguno de los momentos irrecuperables al lado de Rosaura (pero no es ella, soy yo, que me resisto a la tarea inútil de vivir sin ella), o la imagen clandestina de Eloísa (que apenas puso pie en *minovela* y resultó que es casada), o uno de esos arrebatos de insolencia, una de esas actitudes provocativas, seductoras, abominables con que últimamente aparece en mis insomnios, sarcástica, desafiante, la hija del portero, la muchachita tullida. Cuando ningún conteo me funciona, rompo la paciente rutina de la carrera e imprimo el máximo de mi velocidad, de mi obstinación, de mi aguante, corro como si compitiera con un adversario poderoso, un caballo que me mira con un ojo atónito, agraviado, estupefacto, como evaluando desde lo más recóndito de su instinto el propósito oculto de mi intención, como queriendo adivinarlo, un único ojo que no comprende, que jamás podrá comprender mi empecinamiento, el ataque descomunal y salvaje de la rabia, el dolor, las lágrimas aniquiladoras. Hasta que por fin alcanzo la meta, esa codiciada meta de la memoria que es el olvido. Oigo a mi corazón, entonces, lo oigo latir con una pasión sin esperanza. Lo oigo decirme, con la voz abrasadora de Eloísa:

—¿Cómo puedes serte útil a ti mismo si no eres feliz? ¿O cómo puedes servir a los demás si estás amargado, iracundo, decepcionado de la vida?

La impiedad del esfuerzo me obliga a acuclillarme, a boquear el aire como un vómito que va y regresa, mientras el caballo me mira con un ojo y con el otro y se sacude tercamente tratando de sacarse de encima el gesto de brutalidad, de extrema violencia que le dejó la carrera. Después se aleja, poco a poco, dándole la cara a la sombra, despacio, como si se introdujese en un macizo banco de niebla, como si se desvaneciera.

11

Sus pechos de mujer en mi boca de hombre. Sus pechos indiscutibles e inequívocos, pesados, de botones grandes, sonrosados. Enormes sus pechos, pero más enorme mi gula de chuparlos, de morderlos, de atragantarme, de asfixiarme, de hacerles daño, de irlos enrojeciendo, irles perjudicando su blancura nomás de la tanta succión, del tanto dentelleo, de la tanta animalidad que le causan a mi boca sus pechos que ella me da, levantándolos y apretándolos como si quisiera arrancárselos de cuajo, entre quejumbres de placer y de rabia, entre ayes breves de satisfacción y dolor, entre expresiones atormentadas que me piden no me lastimes, que me exigen castígame, que me imprecan no seas desgraciado me vas a matar, que me aternuran come mi niño, mi hombre, pero despacio, despacito, eso es, contente, son tuyos, por qué te los quieres acabar de una vez, por qué me martirizas, si son tuyos, nada más para ti, para tu boca, para tu lengua, para tus dientes, para que los ensalives, para que los sangres, para que les hagas lo que te nazca, lo que se te antoje, son enteros para ti, mi niño, los cultivé para ti, los hinché, los maduré para tu gozo, para tu contento, mis pechos que son tus pechos, sus pechos poderosos que me brinda de nuevo con su voz, sus porfiados pezones que me buscan otra vez los labios y me los recorren con su suavidad granulada, sus pechos y pezones que me visitan las mejillas con dulzura, con lentitud, que se depositan en mis párpados cerrados, que se derraman como en un remanso sobre mi frente, acariciándose con mis cabellos, y que luego descienden, con la misma morosidad, con el mismo amor, hasta mi cuello, hasta mi torso, donde besan con inocencia, con largura, a mis tetillas, y luego hasta la poza de mi ombligo, donde se turnan para beber sin prisa, profunda, sabiamente, y por fin, exploradores urgidos por la solvencia del deseo, hasta mi racimo viril, que se engríe y se tensa con la lisura de esa piel, con el espesor macizo de esas carnes audaces que envuelven, que sostienen, que retan, que vuelven a ser dos vidas independientes, dos masas ardorosas que colocan a mi intemperancia entre ellas y la cobijan, la frotan, la subyugan, la aprietan, la sueltan, la rozan, la enervan, la llevan a reventar olas que estallan y mojan y brillan y resbalan, que se escurren formando lentas estelas, que se van haciendo cada vez más gotas mínimas y quietas, encantadas sobre la enormidad intensa de sus pechos lacerados.

12

Nada tiene que ver una cosa con otra: mi trabajo picapedrero de la mañana con mi idea amorosa del trabajo de la tarde, el elaborar historias ridículas para una empresa comercial y el escribir *minovela*, ejercicio gozoso que hago, o tengo pensado hacer, a manera de satisfacción propia. El caso es que, conforme avanzo leal y cauteloso en la concepción del asunto literario, me cuesta cada vez más el encontrar y desarrollar anécdotas triviales. Algún dolor, alguna emoción sincera, alguna verdad intenta de pronto colarse en ellas, y de sobra sé que no me puedo permitir el mínimo rasgo de autenticidad. Debo ser falso, si quiero continuar vendiendo miles de ejemplares a la semana. En este negocio la falsedad es la base del éxito, asegura mi editor. Y yo lo tengo más que comprobado, y lo creo, sólo que ahora, desde que me he propuesto rememorar —pensar, ensoñar, inventar— a Rosaura como personaje, me cuesta creerlo. Esta mañana me pasé dos horas imperdonablemente desperdiciadas, improductivas. Confundido, desconfiado, indeciso. Sentado frente a la computadora, observando la pantalla sin apretar una sola tecla ni una sola ocasión. A eso del mediodía, el sonido arrastrado, conocido, de los pasos oscilantes de la tullida por la sala, puso por fin en marcha mi imaginación… La hija del conserje de un edificio de departamentos, una chiquilla de catorce años, divertida, estimulante, encantadora, demasiado ingenua y al mismo tiempo demasiado mujer para su edad, despierta las apetencias carnales de uno de los inquilinos, un cuarentón solitario, despectivo e incrédulo, partidario casi fanático de la higiene moral y sentimental, propietario de un destino tan ordinario y soso como la mediocridad misma; pródiga diosa nacida para apaciguar, con buena intención, las íntimas vehemencias, el deseo supremo que la novedad transgresora y perfecta de su cuerpo precozmente dotado despertaba en los hombres, lo seduce con la húmeda impericia de sus labios, lo soborna con la insuperable alegría de su piel, lo enloquece con la promesa lisonjera de su virginidad, humilla sus convicciones más profundas, sus creencias más arraigadas, lo destruye al cabo de unos meses, lo moldea en el desastre y lo empuja a romperse el corazón de un balazo… Redactar la tragedia bien y con autenticidad. El difunto, una noche cualquiera, insospechada y diabólicamente regresa para reclamar su recompensa y saldar la deuda; pero ¿cómo regresa? Es decir, con qué aspecto, ¿es un alma en pena, un fantasma, una masa de energía que usurpa el cuerpo de alguien? El reto es conseguir que sea creíble, y ése es justamente mi trabajo: hacerlo entretenido, emocionante, verosímil… Él, ansioso de hacer válida la promesa, vuelve desde la muerte a cobrar… La sola mención de la palabra muerte, que he repetido infinidad de ocasiones en mis escritos, encajó en mi mente el recuerdo del cadáver de Rosaura y tuve que suspender el trabajo. Nunca lo había recordado con esa viveza, con tanta exactitud. Azorado, tembloroso, tuve que levantarme y correr a la cocina a tomar un vaso de agua, y a contar con un lamento desesperado 99-96-93-90…

—¿Le pasa algo, señor? —inquirió frente a mí la figura humilde, abyectamente humilde de la tullida, que me miraba atenta, seria, aunque no preocupada. Sin lograr sacudirme la molestia, como alucinado, me reí, no con ella, sino de ella al comparar su cuerpo desgraciado, insignificante, con la hermosura ufanamente salvaje que había descrito sobre el papel momentos antes. Experimenté el impulso devastador, oscuro, de acercarme y besarla, pero algo como una camisa de fuerza me lo impidió. Tuve la impresión de que ella esperaba mi acometida, incluso de que con su actitud sumisa la sugería. Le grité furiosamente que se fuera pero de inmediato, desde algún otro lado de mí mismo, le rogué que me dejara en paz:

—Por favor, necesito estar solo.

Desconocí en mi voz el tono dulce, suplicante, casi amoroso. Ella recobró la humildad de su figura, hizo un gesto liviano con las cejas, me dio la espalda y echó a andar hacia la puerta con su paso penoso e imperfecto. Sentí que la puerta se cerró con una suavidad extrema, definitiva. Me senté y crucé los brazos sobre la mesa del desayunador, apoyé la cabeza en ellos y cerré los ojos. ¿Qué demonios está pasando conmigo?, exploté contra mí mismo unos segundos después. No puedo tolerar que me desquicien estas situaciones incongruentes. No debo permitirme que se repitan estupideces semejantes. *Minovela* no la escribiré directo en la computadora, como pensé en un principio, sino a mano, con pluma fuente, tinta azul pavorreal. La vida sigue su curso, tanto en la realidad como en la fantasía. ¿Y cuál de las dos resulta más abstracta, o menos real? ¿Depende de nosotros, de cómo la hagamos nuestra? Rosaura era el amor, y era la consecuencia y el fin del amor. Mi mayor deseo, y también mi más grande miedo. Dos antagonistas irreconciliables.

13

La mujer que se encarga de la limpieza de mi ropa tiene un defecto que no había advertido antes, o que no me importaba: tararea, mientras plancha mis camisas, canciones populares insoportablemente románticas. Con esa voz de pato resfriado que tiene, Dios mío. Dudo si cerrar la puerta del estudio o pedirle de plano que se calle. Me levanto sin hacer ruido y asomo al cuarto contiguo: me causa una especie de asombro la incongruencia que descubro entre su cuerpo viejo y su cara fea, y la emoción de adolescente enamorada con que canta. Se lo digo lo mejor que puedo, que guarde silencio, con por favor y excusa de que estoy trabajando y toda la cosa. Me mira peor de avergonzada que si la hubiese encontrado desnuda, peor que una niña que no entiende qué tiene de malo su virginidad, por qué se la espían. La dejo en medio de una frágil disculpa y vuelvo a mi sitio frente a la computadora. Tengo que finalizar la cuartilla antes de la una, precisar la ardua escena climática en que la protagonista de esta semana le confiesa a su marido desde cuándo lo engaña. ¿Y si mejor no se lo dice y él se entera hasta después, hasta mucho después de que ella ha muerto? Pero entonces, ¿cómo puede él vengar la afrenta? O tal vez no es ella la que fallece, sino él, y entonces es él quien vuelve desde la muerte para vengarse. No, eso no, tampoco, es una salida demasiado simple, aparte de que algo semejante he usado ya en ocasiones anteriores. ¿Por qué lo engaña ella? ¿Por desamor, por fastidio, por hacerle pagar a su marido alguna vieja deuda, porque se enamoró de nuevo? ¿Hasta qué punto, en realidad, una mujer es capaz de aceptar que es infiel? Depende, creo, de la clase de tipo que sea el marido, si es de los que se echan a llorar o de los que tiran a la esposa por la ventana, de los que deciden seguir adelante resguardando las apariencias o de los que embultan sus cachivaches y se largan. ¿Y quién de los dos tiene razón? ¿Él o ella? ¿O los dos? Y tan justificable, tan válida una razón como la otra. La cuestión está en que cada uno considera que la propia es la única cierta. Yo, en esta oportunidad, ¿a quién se la doy? Pero, ¿es que tengo que dársela a alguien? No, lo único que tengo que hacer es poner a trabajar la parte tortuosa y sucia de mi imaginación y escribir, echar a andar mi triturador de basura interno y escribir. Eso es todo. Eso es todo. Es una situación difícil, complicada. Para mí, para cualquiera. No hay más. Eso es todo. Sí, ya lo sé que eso es todo. ¿Y entonces? Entonces nada, ya basta de pretextos. A escribir. Mi terquedad en revisar el pasado, en querer vivir en él, correr hacia él, insistir en la felicidad que encierra. Perder el tiempo en buscar algo que carece de existencia. Como manotear en un sueño lleno de moscas. Como cifrar una vez y otra el eterno código del sufrimiento, y celebrarlo igual que si fuese el más jocoso disparate. Rosaura amaba reír, y yo amaba sentir la vida a través de su risa. Sentir la eternidad que ríe.

14

Una vez cada quince días nos reuníamos en la sala de juntas de la agencia, para ver cómo iban las cosas, el director creativo (yo), mis dos redactores, el ejecutivo de cuenta, y Eloísa, que era una ambientalista con bastante prestigio y la representante de la organización civil a la que le estábamos haciendo una campaña ecológica que hasta el momento había resultado bastante exitosa. Esa tarde todo el mundo andaba como loco corriendo de aquí para allá. De repente, Eloísa y yo nos quedamos solos uno frente al otro, contemplando un juego de originales para prensa. Ella hizo un gesto decidido y simple:

—Ser útil, no puede haber algo mejor en la vida —lo decía y parecía florecer en todo su esplendor. Lo creía, estaba lealmente convencida—. Para mí, ser útil es la mayor dignidad a que puede aspirar un ser humano.

Al cabo de un rato de concentración y silencio, moviéndome con una mezcla de traición y cobardía, le dije:

—¿Te puedo pedir un favor?

—Claro —dijo ella levantando la cara y luciendo para mí su mejor sonrisa.

Dudé. Nunca se había establecido entre nosotros mayor confianza que la de tutearnos; ella nunca había expuesto un ademán o una palabra que me permitiera suponer que accedería a una cosa así; en realidad era una enormísima idiotez, una agresión completamente innecesaria, una brutalidad sin sentido. Yo andaba bien y de buenas por aquellos días, dormía, trabajaba, comía satisfactoriamente, de cuando en cuando alguna mujer recalaba en mi cama, en fin. Estuve a punto de no decírselo, pero la obsesión que me engruesaba por dentro desde el día en que se le soltó aquel botón, obligó a mi voz, llena de hervores, a decirle:

—Ábrete la blusa… Quiero verte los senos.

Apretó la boca y permaneció en silencio, con la estupefacción atontándole la mirada y la mano derecha suspendida vanamente en el vacío.

—Estás demente —dijo, sin ninguna intención, zafando de los míos sus ojos y depositándolos de nuevo sobre los papeles—. No creas todo lo que te digan —agregó tratando de ser chistosa, quizá creyendo que bromeaba, que actuaba yo al estilo de los personajes de las historias banales que narraba algunas ocasiones para aflojar la tensión en las juntas.

Mi semblante ansioso la convenció de que la cosa iba en serio. Por fin, al cabo de un momento muy largo, sus pupilas dejaron de huir, parpadeó repetidas veces y estiró los labios en algo que figuraba una sonrisa.

—Quiero ver tus senos, sólo eso, es todo —repitió mi voz de caldera a punto de explotar. No era imperiosa, sin embargo, era implorante, desamparada, adolorida.

—¿Y qué tienen mis senos que los quieras ver? —dijo entonces, con coquetería más que con reproche—: Son iguales que todos.

—Son tuyos, y eso los hace distintos, únicos. Por eso quiero verlos. Te doy mi palabra que no intentaré nada más. Te lo juro. Sólo quiero verlos.

La sentí recelar, romperse la cabeza buscando el porqué de mi petición, de ese mi deliberado afán, halagada pese a su desconcierto. Calculaba el verdadero motivo de mi despropósito. Insistí una y otra vez y ella continuó negándose, midiéndome, examinándome, inspeccionándome, escrutándome, como buscando una explicación válida a mi exigencia, como si le resultase tremendamente difícil de entender, sin poder ocultar su turbación, su perplejidad, recorriendo todas las barreras de defensa a su alcance, aunque sin tomar como afrenta mi exaltación física, sin decidirse a darme una bofetada y largarse de ahí. Estaba sorprendida, no enojada; controlada, no rendida; conquistada, no sometida. Al fin, todavía atónita, se cambió de lugar, caminó un poco alrededor de la mesa, tocándose nerviosamente los botones de la blusa, mirando de reojo hacia la puerta de entrada y, con una audacia repentina que me desconcertó, dispuesta a adueñarse de la situación, contraatacó:

—Estás tonto, así no son las cosas. Ni se hacen así, tampoco.

Me descolocó su seguridad. Ahora era yo el sorprendido:

—¿Entonces cómo?

—Si te atreves a pedir, pide en grande, el favor completo.

—¿O sea?

—Hay un sitio para cada cosa, ¿no te enseñaron eso?

Mi respuesta fue un gesto de deslumbramiento, de admiración. Ven, acércate y dame un beso. Me examinó intensamente, curiosa, divertida, como evaluando mi excitación indeclinable, con un ligero asombro, con un leve gesto de fascinación, de pasmo.

—El amor es lo que cura, no el poder. —Su voz, de pronto, fue otra vez su voz; la realidad interior y la exterior chocaron de frente; Eloísa era de nuevo Eloísa explicándome el contenido de un desplegado de prensa—. El amor a los demás es una práctica constante, una forma de vida que tiene muchas formas de manifestarse.

—Eso suena muy bien, sí, muy bien —balbuceé todavía trastornado por los efectos de mi ensoñación, por la fuga de la realidad que había tenido, tan vívida. Y añadí, tratando de reubicarme en el aquí y el ahora—. Oye, y si nos vamos a tomar un café y seguimos platicando, a una cuadra de aquí hay un lugar donde venden un cafecito muy rico y se puede conversar a gusto, ¿quieres?

—Bueno, sí.

Tardé muchas horas, muchos días en sacudirme la deliciosa locura de lo que había soñado despierto.

15

Rebano con la navaja de afeitar la punta blancuzca de un grano que me salió cerca de la boca, sobre el labio. Más que dolor, me produce una especie de calambre. El grano descabezado queda rojo, después de limpiarle la sangre, un minúsculo cráter rojo un poco más hinchado que antes, pero ya limpio de su pus, de esa su apariencia desagradable. Le rocío un par de gotas de alcohol. Arde placenteramente. Salgo del baño. Voy a la cocina y me preparo una ensalada de frutas de agua, la como de pie frente a la ventana, mirando hacia donde los volcanes son apenas una mancha en el horizonte. Tengo que decirle a la tullida que lave los vidrios, están hechos un asco. Como la ciudad: grisácea, reseca, polvorienta, necesitada de un cuchillo que le raspe toda la mugre de sus edificios, de sus calles, de su gente, un gran cuchillo sacerdotal que la desencanalle de tanta suciedad, que la purifique de todas sus tantas maldades. Pobre ciudad, a lo que te hemos llegado. En fin. Empiezo a trabajar a las nueve. Me concentro casi de inmediato y escribo sin interrupciones ni contratiempos hasta la una. Lo hago bien y sin acudir ni una sola vez el recurso de la muerte. Sin que me estorbara, tampoco, la repentina alevosía de algún recuerdo. Bueno, saltó uno, pero no alevoso, más bien una de esas remembranzas que le sacan brillo a la imagen de Rosaura.

Un día iba caminando por el parque cuando un tipo que estaba cortando el pasto hizo a un lado las enormes tijeras, se pasó el dorso de la mano por la frente y de rodillas, con un gran júbilo, le dijo:

—¡Qué buena estás, mamacita!

Y ella, de bote pronto, le respondió:

—¡Ya lo sé, pendejo! —aunque de inmediato, sorprendida de su reacción y para suavizar el golpe, añadió—: Pero gracias por recordármelo.

Y los dos sonrieron, como para restarle su poder al agravio y borrar cualquier posibilidad de encono.

"No sabes qué pena me dio, pobre hombre, no me lo dijo por ofenderme, por faltarme al respeto, fue con admiración, y yo en cambio sí lo insulté, lo desprecié y lo humillé, traté de hacerlo sentir menos, me creí superior, y no tenía ningún derecho a hacerlo."

Fue una clarísima agresión, cómo no, le alegué desde mi resentimiento social, enojado, raro, celoso: esos sujetos son malas personas.

"No, él no lo dijo con maldad, fue un piropo, majadero si tú quieres, pero no llevaba ninguna otra intención, ni siquiera buscó acercárseme ni nada, no se trataba de ningún demonio, era un trabajador fastidiado que de pronto encontró un motivo de solaz para sus ojos y lo expresó con entusiasmo, casi te podría decir que con sana alegría, sí, estaba sucio y sudoroso, pues claro, si estaba trabajando sobre la tierra, a pleno rayo del sol, pero eso no lo convierte en un engendro del mal, no seas injusto, muchas veces nuestros prejuicios quieren ver más allá donde no hay nada más que ver. Nuestros prejuicios, y nuestras suposiciones, eso sí que provoca daños severos, irremediables."

Le sonrío a la evocación y le planto un beso al retrato de Rosaura. Me visto, pantalón y camisa azules, suéter gris de cuello en V, zapatos negros, y salgo a la calle. No hace frío, a pesar de que el sol juega a las escondidas entre las nubes. Es un sol mustio, achicado, pobre cosa el pedazo de sol que por momentos se deja ver. Camino sin prisa ni ansiedad, al contrario de la demás gente. En el gran puesto de periódicos de la avenida me detengo a curiosear los encabezados: la misma diarrea de estupideces de siempre. Cuánta porquería se exhibe en un puesto de periódicos. Repasándola, se vuelve aún menos posible entender el mundo. Ahí, revuelto entre otros muchos, está el inefable grano, el cráter de basura con que yo contribuyo a la degradación. Hugo Santiago, mi nombre destacado como un símbolo de cretina excelencia, como si fuera el de un dios recién desempacado de otro planeta. Ese nombre que se supone soy yo. Mi elaborada identidad. El prestigio de mi persona, el éxito, gracias a que cuento las historias como si las estuviera espiando a través de una ventana, por una rendija abierta en la puerta, como si invadiera la privacidad y la intimidad de mis personajes, como si hurgara en sus costras secretas, y esto les gusta a mis lectores, los vuelve mis cómplices, mis aliados, mis alcahuetes, los hace sentir ese riesgo impertinente y turbulento de ser intrusos, de meterse en la zona más oculta de las entrañas ajenas, de ser ellos mismos parte activa de la transgresión, la ambigüedad moral. Cruzo la turbia avenida y entro en La Colmena. Saludo con el ademán de costumbre a la cara redonda y acalorada de la Abeja Dueña. Me siento. Uno de los duendecitos corre apresuradito hacia mí, cantarinea buenas tardes y me deja la carta. Sabiendo que me observa, miro con descaro, con osadía, casi con rabia, los pechos ventajosos de la mujer. Sus pesados, rebosantes pechos de mujer que la otra noche, absurdamente, soñé alimentando de amor a mi boca de hombre. ¿Cómo pudo ese montón de carne derramada llevarme a soñar eso? Ella, sitiada por cazuelas y humos que se estiran tratando de alcanzar el techo, dulzona, esmerada, corresponde a mi desfachatez con un gesto de dichosa inconciencia que rejuvenece su expresión; luego, ajena a lo que sucede a su alrededor, sorda, distraída, extiende un momento sus macizas piernas como alejándolas de un fuego recto y flexible que buscara meterse entre sus pliegues, y yo me sumerjo en una reminiscencia que se alarga en el tiempo, en la memoria de un algo que mi propio corazón ya no puede reconocer, algo parecido a un ensueño gastado, muy viejo, a una ilusión desfigurada por la distancia. Mientras desmigajo un pedazo de pan descubro un detalle que me había pasado inadvertido: usa pestañas postizas, renegridas, sofisticadísimas.

16

¿Qué es lo cierto y qué no lo es? Este mantel de cuadros rojos y azules, este cuchillo mellado, este trozo de verdura que muelen mis dientes, incluso mis propios dientes, ¿son ciertos? Y si lo son, ¿por qué no lo es, por qué no lo fue ese sueño en el que mi cuerpo sintió y pesó íntegramente, intensamente, irrevocablemente, el cuerpo de esa mujer? Estoy seguro, con una certeza difícil de explicar, que su carne y mi carne se conocieron, se exploraron, y que después de esa noche, para siempre, se pertenecen. Aunque la realidad lo niegue. Aunque yo mismo, por un prurito de estética carnal, me resista a reconocerlo. Ella también lo sabe, que fue un sueño y, al mismo tiempo, que no lo fue. Ella también duda, inquiere, sufre, y me observa, me examina con la expresión honda, paciente y venturosa del sufrimiento, me pregunta, y se pregunta. Sufre, como yo, la evidencia de haberme tenido, y la conciencia de no tenerme. Me llevo una rodaja de calabaza a la boca y ella sabe, me lo dice con la ansiedad de sus respiros, de sus anchos labios dolorosos, qué es eso que demoro en el paladar, en la lengua, qué es eso que, por fin, regocijado, tenaz, alegre, muerdo. Tan lo sabe, que empieza a murmurar: despacito mi amor suavecito, la voz ronca y entremezclada de placer y sueño. ¿Qué va a querer de guisado?, me sonríe su voz grave con algo que interpreto un arrebato de enamorada. Tus pechos, le responde mi fantasía. Soñar no cuesta nada, es lo cierto, y lo que no lo es. Soñar despierta. Así te quería conocer y sentir, dominante, ávida, considerándome un rival a tu altura. Ahora eres tú la que sueña, la que tiene la certeza de mi cuerpo. Desnudo, impaciente, contemplo cómo te desvistes, con qué morosidad te acercas, te echas sobre la cama, no muy cerca de mí, mirándome con cada una de las partes de tu cuerpo, invitándome con todo tu cuerpo a recorrerte, a recorrerlo con mis ojos, y con los ojos de mi boca, y con los ojos de mis dedos, y con los ojos de mi memoria para que después no dude, para que luego no sufra porque no sea cierto. Pues sí lo es. Delirante, clamorosa, arbitraria, irrenunciablemente, lo es. Te despego, y te abro, y te invado. Mi carne en tu carne, dentro de tu carne. Mi realidad y tu sueño. Tu verdad y mi fantasía. Ahora los dos sabemos. Todo habrá de ser cosa de tiempo. Hasta mañana, señora. Sí, señor, hasta mañana. Que nos vaya bien. Que soportemos sin demasiado sufrimiento la soledad de la noche, cuando llegue. Con una ansiosa mortificación monta una sobre otra sus piernas robustas que parecen gritar que están solas desde hace muchos siglos, sin el sabor del consuelo, sin el sosiego de una caricia para contentar el apetito simple de quienes gustan atiborrarse de carnes, inundándome de una sensación intensa y brava y primigenia de un gozamiento casi sagrado, la sencilla e insípida delicia de un vaso de agua. Aparento, para ella y para mí, esa tonta indiferencia de quien ve que se tira la leche sobre el fuego y se queda como si nada.

17

Mi madre, según me dijeron, tuvo un colapso nervioso, después un derrame cerebral y se fue en un instante, murió cuando yo tenía seis años de edad, y mi padre, que era de los hombres que hacen de su vida una estafa, una ventajosa porquería, se pegó un balazo la mañana del día que cumplí los diez. A ella la recuerdo muy confusamente, como en una neblina cada vez más imprecisa, más oscura. Partió sin darme tiempo a saber quién era, sin dejar en mí una huella cierta de cómo la quise, o de cómo habría podido llegar a quererla. Si acaso, conservo casi intacto un ávido sueño de infancia, o quizá, una porfiada fantasía incalculablemente repetida en la que nos veo, a ella y a mí, muy juntos, sin hablar, sólo sonriendo, ella arreglándome la ropa y el peinado y yo deleitándome con una curiosidad dichosa en su opulencia madura y fulgurante; al acabar de acicalarme, hunde mi cara en la fragancia de su cuello unos segundos; luego me separa, pone sus manos en mis hombros, me obsequia la mejor mirada del mundo, deposita sus labios húmedos y amorosos en mi frente y me adhiere a ella en un abrazo en el que siento, como nunca, la delicada presión del espesor que asoma esplendorosamente por el escote de su bata. Esta escena, que ocurrió la última tarde del año al término de la comida, temprano, porque ella tenía algún quehacer fuera, marcó para siempre mi destino, y perdura inmodificable entre los colores apagados de mi memoria. Ahora sólo me observa desde la única foto que conservo de ella, en un camafeo plateado que ocupa el centro de mi escritorio, pero que no me conmueve ni me dice nada, es demasiado distante, dolorosamente ajena. Sin embargo, con una certeza inapelable, sé que es ella. Él, mi padre, después de su viudez, o a partir de su viudez, mejor dicho, no se atrevió más al amor ni a cualquier otra emoción parecida, no tuvo fuerzas para vivir con aquella verdad, se encerró en una marginación hostil, se opacó, se destituyó y, con el valor de los cobardes, se dio de baja del mundo y ya no quiso saber nada de la vida, se convirtió en un pusilánime, un remedo de hombre que sirvió sólo para embriagarse, achacoso de recuerdos y remordimientos. Cuando se mató, lo odié; después, con los años, del odio pasé a la lástima y de la lástima, finalmente, a la indiferencia. Eso sí, me propuse nunca ser como él. Jamás llegar ni por asomo a parecerme siquiera a él. Lo primero fue quitarme de la cabeza, lijando los fondos de mi memoria, su imagen transida y brutal de aquella mañana, cuando me despertó, temblando a los pies de mi cama, frustrado, desgastado, deshecho sin remedio, y, sin decir una palabra, sujetando el camafeo en una mano y la pistola en la otra, llevó a cabo la humillación innecesaria, la ruindad injustificada de pegarse el balazo frente a mí. Desfigurado por el impacto de la impresión, no pude o no quise gritar, no lo sé. Sí sé, con certeza, que fui hasta su cuerpo derrumbado y empecé a tocar su sangre, a sentirla en mis dedos, a verla entre mis lágrimas con un rencor ardiente, a embarrarla con desesperación en mi cara, en mi pecho, en mi pescuezo. Después me desmayé, dormí muchos días, y cuando desperté y supe que había sido cierto, me impuse la obligación de sacarme del cuerpo aquel despojo ruin, aquella mutilación, me ordené vivir y olvidar. La tarea del olvido me consumió entera la adolescencia, pero me otorgó a cambio la fortaleza para enderezarle su rumbo a mi destino. Aunque, ¿por qué no puedo perdonarlo, perdonarme? En algún momento me pregunté qué clase de amor habría existido entre mis padres, si es que existió alguno, y qué clase de amor sería yo capaz de brindar y recibir en el mundo.

18

Al regreso de correr en el parque me detuvo el portero y me dijo, no sin felicidad, que ese día su mujer y él cumplían años de casados, y que por la nochecita iban a celebrarlo con un brindis y estaba yo invitado, sería un gran honor para ellos si los acompañara. Lo festejé y le agradecí la invitación. Me dio un apretón de mano y de inmediato se disculpó, sonrojado, como si hubiese cometido un abuso de confianza imperdonable. Yo, bonachón y casi sincero, le palmeé el hombro. En su juventud fue luchador profesional, se hacía llamar El Impostor. No rebasó los límites de la mediocridad y acabó recluido en el molde de los infelices que viven avariciando su pasado. Es alto y corpulento, de frente excesivamente estrecha, hombros poderosos, espaldas anchas; su mirar es huidizo, insustancial, apocado; artificioso y engreído de sus mentiras a propósito de sí mismo, asume una obsequiosidad falsa y pretenciosa que elude taimadamente reposar los ojos en los de la persona con quien habla, y de pronto los fija con una aguda desesperación de moribundo o de loco. Despreciativo y astuto, se muestra también mentecato y menesteroso, roído por un resentimiento inocultable que destiñe su semblante, le da un desagradable aspecto de mantequilla rancia, y sorpresivamente, sin transición de por medio, se torna charlatán y risueño, convenenciero, movedizo, poseedor de una simpatía usurera, casi grotesca. Resopla al caminar y, al platicar, su voz, hosca de cigarro, parece una distante resonancia de su pensamiento, o un anuncio de su incipiente decadencia. Hace trabajos eventuales de electricidad, plomería, albañilería, resana, pinta paredes. A cualquier hora utiliza largas botas de hule, las perneras del pantalón encajadas en ellas, las mangas de la camisa arrolladas hasta los bíceps y una impecable gorra de beisbolista con la visera vuelta hacia atrás. Ostentoso de su gallarda fealdad, se traslada a grandes trancos y como si chapoteara. Mientras lava los carros, silba, con un gesto inexpresivo que le ocupa toda la cara. Y al anochecer, cuando descansa a las puertas de su vivienda, da la impresión de que le sonríe al crepúsculo con un honesto agradecimiento, con una satisfacción de batalla ganada, como si gozara, los brazos en alto, de un ayer al que asoma la gloria efímera de los cuadriláteros, y acaricia la nostalgia de un sueño no realizado que vuelve reiteradamente, y sin tristeza. Jamás conversa con exageración, ni pone un tono fuera de su sitio; nunca demora una palabra de más en la garganta y el paladar, excepto los sábados por la tarde cuando, en una especie de ritual sagrado, narra mentiras, apasiona anécdotas, gana peleas excepcionales ante el vano público cautivo de los otros porteros de la cuadra, y hay cierta gozosa promiscuidad en los matices, en la modulación, cierta lamentable y ridícula arrogancia. Ante su esposa, una mujer aburrida y huraña, de facciones austeras, aproximadamente albina, se vuelve intolerante, despectivo, y la ignora con rabiosidad de animal superior; ella, que envuelve su cabeza con una pañoleta para ocultar su calvicie, frente a él adopta una apariencia de planta seca sumisamente moribunda. Desaliñada y aficionada a las injurias anodinas, luce una expresión casi permanente de sorpresa y desconfianza. Nadie conoce su nombre, todo el mundo se refiere a ella como La mamá de Lena. Sufre por la condición de su hija, y es indudable que la ama, pero la ve y la trata con lástima, con un dolor que carece de dignidad. Tiene el rostro habituado a lo patético de la resignación. Para soslayar los aspectos de la cruda deformidad de su hija, parte indisimulable de su propia enfermedad, suele sonreír burlona, irónica, y gracias a su respiración irregular, da la impresión de traer los nervios invariablemente afilados. Es menuda, sin gracia ni personalidad alguna, una austera manifestación de la vida. A la entrada de la portería hay una jaula con tres palomas cafés que siempre están zureando. Durante el brindis, al que no sé por qué demonios asistí, ellos estuvieron desenvueltos, contentos, y yo los estuve observando, vi la autenticidad de sus risas, su sincera alegría. Dudé: ¿Cómo sería la costumbre de su intimidad? La muchachita tullida estaba muy orgullosa de sus papás. ¿Cómo los vería ella, como los de la foto grande que tienen en su salita, la pareja joven y feliz?

19

Siempre, inequívocamente, Eloísa me dijo que amaba a su marido. Para bien y para mal. Para la vida y la muerte, y aún más allá, lo amaba. ¿Y yo, entonces? Conmigo había descubierto una capacidad distinta de disfrutar. O sea, era otra cosa, un asunto del cuerpo. Algo más próximo a la verdad, quizá. Algo quizá igual de prodigioso e imprescindible que el amor, y a la vez algo un poco más fidedigno que el amor. El amor vive y se alimenta de sus imperfecciones; lo nuestro, en cambio, vive por sí mismo y es su propio alimento. La Eloísa que amaba irrevocablemente a su marido, que era deliberadamente feliz con él, no era esa mujer que me daba a besar todos sus labios, que me ofrecía las cerraduras todas de su cuerpo para que yo las abriera, para darme a conocer y conocer ella misma, la inmortalidad que es capaz de manifestarse en un instante de la carne. La distancia, el tiempo, la muerte, no logran nada contra esa constancia de la eternidad siempre impalpable, inmirable, inmedible, que forma parte del enigma del universo. Sólo en el presente existe el futuro, que no es sin la existencia del pasado. Puede morir el cuerpo, y corromperse, pero no tiene por qué desaparecer la esencia del afán con que se besó la hondura sagrada de un vientre o se acarició el milagro en la piel infinita de un seno. El limitado amor humano busca la satisfacción, no la verdad del cuerpo. Esto es lo que había que comprender. Pasa lo mismo con las palabras, que sólo sirven para escuchar la dimensión genuina del silencio. Por eso Eloísa me amaba de un modo en el que sólo conmigo podía sentir la certidumbre de lo auténtico. Algunas tardes iba su marido a buscarla a la agencia y ella lo besaba y le sonreía sin la más leve consternación, sin el menor desacomodo en la sinceridad de su sonrisa o de su mirada. Lo besaba en la boca y lo llamaba mi amor (yo, viendo esa escena, nunca supe si envidiarlo o compadecerlo) aun delante de mí. Estando con él jamás dejó de ser su mujer, de ser encantadora, aternurada, de atenderlo, de amarlo. No hacía nada —ni un guiño, ni un ademán, ni un breve arqueo de las cejas— que pudiese causarle la mínima mortificación. Era, sin asomo de duda, una esposa enamorada. Jamás lo negó. Yo, en un principio, la comparé soezmente con una de las tantas mujeres casadas e insatisfechas o resentidas o fáciles para la aventura que conocía. Su cuerpo, entonces, la novedosa aplicación de su cuerpo educó a mi cuerpo, lo enseñó a buscar la verdad por encima de la satisfacción, por encima del amor, de la felicidad misma. ¿Cómo exponer con claridad esta diferencia en *minovela*? ¿Cómo evidenciar la nueva significación de un cuerpo por primera vez amado, un cuerpo que destierra la memoria de otros cuerpos y los vuelve no sólo lejanos sino ajenos? Cuerpos que fueron, que de pronto dejaron de ser, que ceden ante la fascinación total de este cuerpo que inaugura la realidad, la verdad. "Ella, a pesar de ser casada y de amar a su marido, un buen hombre, un experto ingeniero ortopedista que viajaba mucho…" ¿Intento, en la figura de Eloísa, concentrar a las mujeres casadas que he conocido en la cama? Y esto, ¿no me aleja de Rosaura, si lo que pretendo narrar es la historia de mi amor por Rosaura, mi arbitrario deseo de reencontrar a Rosaura en Eloísa, de tener conmigo otra vez, entre mis brazos, el cuerpo amado de mi mujer, mi única, mi verdadera mujer? ¿Cómo conseguir, en principio, que se pongan de acuerdo mi memoria, mi imaginación y mi amor? El amor es, y nunca deja de ser. ¿Cómo explicarles esto a las dos? ¿Cómo aclarármelo, definírmelo, explicármelo yo mismo?

20

Por ejemplo, ¿decíamos realmente *hacer la relojería*, en vez de decir hacer el amor o hacer el sexo? Sí, lo decíamos, estoy seguro que sí. Una noche, Eloísa se levantó de la cama y dijo:

—Voy al baño.

Cuando regresó, dijo:

—¿Por qué el baño se llama baño? ¿Por qué no se llama cueva, o bombonera, o linterna? ¿Quién les puso el nombre a las cosas, y por qué ese nombre? El mar podría llamarse sábana o estrella, y sería lo mismo, ¿no? Le decimos mar porque así nos enseñaron, pero a lo mejor su verdadero nombre es esqueleto. ¿Te imaginas? Y las olas se llaman madreselvas, y el azul no es azul sino salamandra. Entonces, hablaríamos de la quietud de las madreselvas en el inmenso esqueleto salamandra. Sería más complicado, quizá, por la falta de costumbre, pero más bonito, ¿no crees? Y que el amor no se llame amor sino relojería...

Y a partir de entonces utilizamos relojería en vez de amor, aun esa otra noche, cuando me anunció lo de su maternidad:

—Voy a tener un hijo, pero no sé de quién de los dos es.

—Bueno, dicen que las mujeres siempre saben. Que si algo saben las mujeres es precisamente eso.

—Sí, ha de ser, pero yo no lo sé.

—¿Y por qué no lo sabes?

—Porque aquella ocasión hice la relojería con los dos la misma noche, con una diferencia de tres o cuatro horas. A ti te lo puedo decir, a él no.

A mí me lo podía decir, claro, a mí me lo podía decir todo. Su marido era un hombre reflexivo, complaciente, atento, previsor, reservado, pero no era por ninguna de estas características que no se lo podía decir, sino simplemente por el respeto que le debía, porque era su marido. Qué curioso. Cuando en una relación de pareja llega a existir una manzana de la discordia, por lo general es "la otra", y con menos fama o frecuencia "el otro". Se dice "la intrusa", aunque casi nunca "el intruso". O "la querida", no "el querido". Como si estuviésemos habituados a que quien irrumpe y rompe corazones y pone en entredicho la estabilidad de un hogar invariablemente es una "ella", no un "él". Y en este caso yo era el rival, el intruso, el otro, el querido. El innombrable. El que no puede existir sino en la sombra, detrás de la puerta, el plato de segunda mesa.

—¿Y te preocupa, te molesta no saber?

—Sí.

—Entonces, aborta.

—No quiero. ¿Tú quieres que aborte?

—Un hijo, ya fuera de él o mío, podría acabar con la relojería.

—¿Tu relojería?

—O la tuya, o la de él. La de cualquiera de los tres. O la de los tres.

—Sabes, va a ser niña y se va a parecer a mí de parte a parte, desde las uñas de los pies hasta el carácter, así nos evitamos cualquier suspicacia y nos libramos de problemas.

Decidió no abortar y tuvo una hija. Aún once días antes de tenerla, hicimos la relojería.

21

A través de la puerta cerrada de mi estudio, escucho susurros ásperos, un cuchicheo violento, palabras que suenan a pizarrón que se rasca, una furia contenida, apretada para no desparramarse, el ardor de algún insulto, la rabia seca de la contestación. Me fastidia que escojan mi casa para pelear, que vayan y se despedacen en el patio o en los lavaderos, pero no aquí. Y justo en este momento, cuando la protagonista de mi engendro semanal descubre la verdadera identidad de su padre y decide irse a vivir con él y quererlo, recompensarlo de la soledad en que ha permanecido tantos años, sin conocer que su padre ignora que ella es su hija y la desea como mujer y le ha tendido una trampa para poseerla. Me levanto y abro la puerta. Del otro lado del pasillo, la discusión se suspende súbitamente. Las caras de la muchachita tullida y de la mujer que me plancha las camisas, se fijan en mí con una especie de horror. Les pregunto qué pasa y ninguna de las dos atina a responder. Su silencio me irrita, me exasperan sus ojos espantados y sus bocas abiertas, colgantes. Les advierto que estoy trabajando y no tolero este tipo de situaciones, que arreglen sus asuntos allá afuera. ¿Entendido? Regreso al estudio y enfrento a la computadora. El padre y la hija están a punto de encontrarse. Lo opuesto de sus intenciones ha provocado una tensión que debo mantener todavía un poco más, acercarla al límite de lo tolerable, describir con minuciosidad cada uno de los pasos que conducen a la hija, inocente y esperanzada, al centro del plan infalible que el padre ha fabricado para hacerla suya. Uno de los dos tiene que morir, aunque todavía no sé quién, ni cómo ni por qué. La muerte como una concesión a la moral de mi público, la muerte redentora que quita al destino, una vez más, de cometer un error imperdonable. Y una vez más, también, la muerte que habrá de quedarse como una amenaza oculta en la sombra. La muerte que no concluye con la muerte, que, en cualquier momento, desde la eternidad, se nos hace presente a los vivos, para torturarnos, para quitarnos de vivir en paz. Qué vulnerables somos, una gota de sangre que pase de más, o que no pase, y se acabó, se rompió la vida y hasta la próxima, te vas con tu fragilidad a otra parte. Y sólo quedan cosas a tus espaldas, los bienes materiales que acumulaste y no te puedes llevar porque son distintas las necesidades, lo del cuerpo ya no sirve, los objetos están destinados a durar más, lo efímero es parte de la vida, o es la vida, así que úsala, aprovéchala.

—Perdone, señor —murmura la mujer asomando la fealdad de su cara, nerviosa, desagradable. Si fuese simpática podría ser una ardilla.

—¿Qué quiere? —le digo impaciente, molesto.

Entra sin pedir permiso y se para frente al escritorio. Tartamudea y tose, como tratando de expulsar el vidrio molido de las palabras adheridas a la garganta. Intenta una sonrisa torpe. Sus dientes son diminutos, montados en unas encías enormes.

—Es que, lo de hace rato, la muchacha esa le estaba haciendo algo a la foto de usted, la que tiene ahí en la sala, no sé qué le estaba haciendo, pero algo, por eso nos peleamos, porque la sorprendí y la regañé, por eso.

—Está bien, gracias.

Arrastra su mirada resentida por los muebles. Se inclina a manera de disculpa. Da unos pasos indecisos, en reversa, y sale. Cierra cautelosa la puerta, pero vuelve a abrirla de inmediato y, con una hostilidad afligida, suplica:

—Pero no le vaya a decir que le dije.

—Está bien —repito con hartazgo. Me ve con tristeza y desaparece. Siento que esa tristeza se me queda en los ojos como un grueso pedazo de niebla. Tendré que hablar muy seriamente con esa muchachita. ¿Qué será lo que le llama la atención de mi retrato? Bueno, ¿qué sigue? ¿Cómo diablos resuelvo el conflicto entre el padre y la hija?

22

Mi vista se quedó esclava de ese fulgor eterno, insuperable. Después, a lo largo del tiempo, vi sus senos muchas veces, pero ninguna borró aquella imagen instantánea suprema. Y cuando se levantaba de la cama para irse, el horizonte luminoso de su cuerpo no tenía fin, me fascinaba su porte, su personalidad. Cuando la contemplaba mientras se vestía, con esa alegre espontaneidad que era tan ella, con esa placidez irreprochable, la sonrisa que me dedicaba era formidablemente ilimitada, y fecunda, mía, de nadie más. Nadie, nunca, logró disfrutar el prodigio de su sonrisa como yo en esos instantes, estoy seguro. Era una entrega absoluta, incondicional, esa sonrisa. Su sonrisa de mujer que ama y se sabe amada. Después, cuando se iba, toda la casa quedaba rebosante de su presencia. A ninguno de los dos nos gustaban los hoteles, así que jamás recurrimos a un hotel. Siempre nos veíamos en mi departamento, y a Eloísa jamás le dio por ponerse a escombrar, a acomodar. a cambiar cosas de lugar, venía a cumplir su papel de mujer, no a jugar al ama de casa. Tomábamos una copa de vino o un café y picábamos algunos bocadillos que yo preparaba. Y no es que la cocina le estuviese vedada, simplemente estaba fuera de su alcance. En cambio, le gustaba sentarse frente a mi mesa de trabajo y merodear entre mis papeles, como si buscase algo que sólo ahí podría encontrar, como si esa fuese su forma de hacerse mi cómplice, de confirmarse como mi testigo, como si así pudiese conocerme por dentro y poseerme más allá de cualquier secreto, de cualquier obstáculo. Buscaba, a su manera, lo mismo que yo pretendía de ella. Tampoco hablábamos nunca de su marido, ni de su situación familiar, con todo y que hablábamos mucho, de ella, de mí, de nosotros, lo que sentíamos, lo que pensábamos, lo que nos entusiasmaba, lo que nos dolía, expectativas, ilusiones, proyectos, incluso nos permitíamos algunos breves episodios de melaza sentimental, y también nos deslizábamos con frecuencia al pasado, pero no para lamentarnos de él ni para sufrirlo, sino para ver que gracias a lo que habíamos vivido es que estábamos donde estábamos, éramos quienes éramos en ese momento. Con excepción de los fines de semana, o de las ocasiones que salía de viaje con su marido, todos los días nos comunicábamos por teléfono, aunque sólo fuese para preguntar ¿estás bien? Y para decir te quiero mucho. Eso bastaba. Tenía una linda voz, grave, medio ronca, a veces tierna, a veces como mandona. Lo de la oficina se arregla en la oficina, y lo de la casa se arregla en la casa; lo del amor, mi amor, se arregla aquí, contigo, y nos besábamos larga, muy largamente. Resonancias de una ardorosa invocación convertida en múltiples versiones sobre este periodo de mi vida. O de nuestra vida. De Rosaura, Eloísa y yo.

23

Había comenzado entre nosotros un juego exageradamente desinhibido, perturbador, intimidante. Y empecé a fijarme en su comportamiento cuando no me encontraba yo presente. Qué otra era. No pocas veces la espié en la sala de juntas, cuando trabajaba con los redactores explicándoles lo que quería decir en un anuncio, en un folleto, o a la salida de la agencia, cuando la seguía entre la gente para conocerla un poco más. Qué distinta. Su altivez, sus actitudes, su simpatía, sus silencios. Qué irreconocible. (Una cosa que admiraba en ella era la forma de ser y de vivir al servicio de cualquier persona necesitada de un consuelo, de un afecto, de hacerla sentir que es importante para alguien; era una especie de *sanadora de almas*, siempre dispuesta a ayudar, y disponible para quien lo solicitara, inspiraba confianza, seguridad, esas emociones que para ella eran los cimientos de la amistad. La amistad es un acto de confianza, decía convencida). Esto, que me enamoraba de ella, al mismo tiempo me alejaba y me conducía a desear poseerla. Pero poseerla no en el sentido común de acapararla, de ser su propietario, sino de amarla por completo, sin reservas, sin condiciones, sin obstáculos impuestos por el resentimiento, por la vanidad, por el miedo. Amarla por lo que es, con todo lo que es, con toda la historia que trae consigo, con su luz propia, sus cicatrices. Un atardecer advertí que aun cuando nos encontrábamos juntos, qué solos estábamos, qué ajenos y distantes uno del otro. Qué par de extraños tumbados en la misma cama. Entonces me di cuenta de que no sabía nada de ella, y me asaltó una urgencia febril por descubrir cuáles eran en verdad sus pasiones, sus gustos, sus deseos más íntimos, sus enfermedades, sus berrinches, sus manías, sus indulgencias, sus secretos más hondos, más inaccesibles. ¿A cuánto de eso me era dado acceder? ¿Cuánto podía conocerla si era tanto a la vez? Quería experimentar su mundo, todos sus mundos, no quedarme fuera de ninguno, que nada de ella me excluyera, acopiar sus caras, sus máscaras, desde las más arbitrarias y sublimes hasta las más triviales, sus estados de ánimo, sus inclinaciones escondidas, sus ambiciones inconfesables, la quería obtener completa, sin grietas ni ocultamientos, sin espacios subterráneos, sin zonas reservadas de su intimidad. Ser el que sabe de ella lo que ni ella misma sabe. Su purgatorio, su cielo. Acuñarla y poseerla. Íntegra, absolutamente, sin resquicios ni fisuras. Consagrado a venerarla, quería comulgar en su más profunda intimidad para apoderarme de su alma. Ser su cómplice absoluto. El testigo único y principal de las inúmeras Eloísas que en mi vida han sido y serán. Y eso que yo anhelaba de Eloísa era lo que sentía que la tullida quería de mí.

24

Pactamos un cese al fuego entre el destino y yo. Por primera vez disfruté las dichas de la paz conmigo mismo. Mis historias perversas (las escribía en aquel tiempo sólo para mí) empezaron a tener ciertos rasgos de bondad, lo que me inquietó, y perturbó a Eloísa (ella era la única que las conocía). Algo que le gustaba mucho de mí era mi infierno particular, la forma de expresar mis demonios. Y eso no debía modificarse en lo mínimo. La felicidad no tenía por qué echar a perder mi mundo interior. Otra cosa que comenzó a colarse en mí fue el miedo. El miedo íntimo de perder a Eloísa, la fuente de mi felicidad. Aunque sé muy bien que no se puede perder lo que no es de uno. Y Eloísa no era mía. Quizá de ahí la terquedad de querer apropiármela. Para asegurar la felicidad. Pero no se puede ser feliz impunemente. Si nos decíamos todo, incluso lo más secreto, entonces qué era lo que yo quería, eso que me entercaba en llamar *poseerla*. Pues no era sino mi inconformidad, que abarcaba todas mis edades, si un defecto difícil de vencer he tenido es el de ser inconforme, siempre quería más de lo que tenía, modificar lo que no me gustaba, controlar lo que se hallaba fuera de mi alcance, elegir y decidir por los demás, y todo en el fondo porque con quien no estaba conforme era conmigo mismo, lo que no podía ver en mí lo veía en los otros y ansiaba corregirlo. Tuvo que entrar Eloísa a mi vida para enseñarme a ver que así no son las cosas, y aprender a verme a mí. Había algo que nunca pude comprender: ella decía que no me necesitaba cuando no estaba a mi lado, que le bastaba el tiempo que pasábamos juntos, que no era de las que estoy aquí y quiero estar allá, de las que viven con el cuerpo en una parte y la cabeza en otra parte, que me extrañaba a veces, claro que sí, que se acordaba mucho y bonito de mí, también, y eso mismo era lo que le impedía necesitarme de más.

—Es que estoy satisfecha, y vivo el presente, no añoro el futuro, ni me falta lo que no tengo, qué bichito raro que soy, ¿verdad? ¿Te gustaría que fuera posesiva? ¿Una demandante extrema? ¿Qué te hablara por teléfono a las cuatro y media de la madrugada para decirte que me muero de ganas de estar contigo? No te creo. Tú no eres ese tipo de hombre, ¿o sí? ¿Te gustaría poder manejar mi destino?

Y se me lanzaba encima con una euforia infantil y me llenaba de besos y me hacía cosquillas y me juraba que se mantenía en lo dicho: no me necesitaba para ser feliz. La vida me cobró una vieja deuda y me demostró que, en efecto, la felicidad no es un asunto de castigos y recompensas. Porque un día me atemperé y me dije: el precio que he pagado por tener la felicidad en mis manos ha sido muy alto: el de la soledad consciente. Pero ¿si eso no fuese pagar ningún precio sino recibir un regalo impagable? ¿Si de veras la felicidad fuese un estado permanente y no una emoción caprichosa y pasajera? ¿Si fuese esta especie de serena alegría que siento cada vez más con mayor frecuencia? ¿Sería entonces cobardía, o vergüenza ante mí mismo el confesarme que estoy bien, que me siento bien, que la ausencia de Eloísa es ahora cada vez más una presencia luminosa? He canjeado la tristura por el agradecimiento. No sé si esto sea verdad, pero es en lo que creo.

25

Como yo era el otro, el innombrable, había un pacto entre Eloísa y yo: nadie debía enterarse de lo nuestro. Sólo al cabo de tres años el pacto se modificó ligeramente. Un día (poco después de que nació la niña), comprendió que necesitaba decírselo a alguien y se lo platicó a Beatriz, una prima suya en quien confiaba igual que en su propia sombra. Le contó a detalle hasta donde se podía contar, que resultó bastante. Yo la conocí la noche del velorio de Eloísa, esa desoladora noche de fin del mundo, cuando se me acercó y me dijo quién era. Parecía una mujer inteligente y sensata, y parecía también como si estuviese muy enojada conmigo, como si yo hubiese dejado morir a Eloísa, o como si yo la hubiese empujado a la muerte, esa muerte inusitada, inconcebible. Aunque a cada paso que daba recibía muchas condolencias, no dejó de perseguirme con la mirada. Yo me hallaba como deambulando entre las paredes de un laberinto en las que no se palpa salida alguna. El ambiente era caluroso, agobiado de flores y alfombrado de semblantes estérilmente tristes, trabajosamente sombríos, la desgracia concreta albergaba hiladas de llantos y escalofríos de pesar, murmullos, testimonios de Eloísa y su fugaz transcurso por la tierra, falsificaciones y variantes, suposiciones, correcciones, ajustes acerca de la verdad del desenlace insólito, rezos, plegarias, deseos y propósitos de consuelo, toda esa englobadora, laboriosa entrega de la gente a representar el previsible ejercicio social de la piedad. Poco antes de la medianoche, resolví acercarme al féretro y atreverme a verla por última vez. Nunca debí hacerlo. Fue una profanación espantosa. Esa forma rígida, vacía, esa palidez enceguecedora no era ella. La inclemente revelación me rompió en dos y estuve a punto de desvanecerme. Para mi sorpresa, una firme suavidad me tomó del brazo y me alejó de aquella brutal experiencia, de aquella imagen disuelta de golpe en lo inexplicable, en la nada. El cuerpo resuelto de Beatriz me condujo hacia la cafetería de la funeraria. Me senté y por un momento me recargué en la pared de perfil a ella. Cuando me volví, demoró sus ojos perspicaces en los míos como si fuésemos dos náufragos irrecuperables; luego inclinó la cabeza levemente. Levemente, también, lloramos en silencio. Ninguno de los dos intentamos secar las lágrimas de nuestros rostros. Tomó mis manos, con una solidaria mezcla de cariño y compasión, las retuvo entre las suyas, las apretó y dijo que a veces la vida comete errores que no nos podemos explicar; extendió en su cara la lenta, irrenunciable dignidad de una sonrisa y me dio las gracias por haber querido tanto a Rosaura. Mi muerta. Mi mujer muerta. Mi Rosaura ausente y perdida para siempre. Sus palabras, entendí, no eran para esa noche, sino para después, para sostener la fuerza de mi fe, después, cuando sobreviniesen los ataques de soledad y nostalgia. Beatriz y yo nunca volvimos a vernos, aunque en no pocas ocasiones, en los meses siguientes, llamó por teléfono para preguntarme cómo estaba, si ya me sentía un poco mejor, es un proceso muy difícil, muy penoso, que lleva mucho tiempo, sobre todo cuando se ha amado en la forma en que yo… Gracias por haber querido tanto a Rosaura… Sí, lo dudé, una vez lejos del aturdimiento, lo dudé, no sin temor, no sin poner el dedo en la llaga de mi buen juicio, pero aquella noche Beatriz había dicho: ¡a Rosaura! Sentí, muy hondo en mi interior, cómo la realidad y la fantasía se confundían, se entrelazaban. Percibí, merced a esta equivalencia, que iba bien en mi invención, y que debería continuarla. Beatriz sabía, y el hecho de saberlo, que podría haber implicado un peligro real para su propia existencia puesto que Eloísa y su mundo entero eran una creación mía, un producto privilegiado y, ahora estaba claro, verosímil de mi imaginación, fue, por lo contrario, una confirmación en la verdad de mi amor y un alivio inmenso en medio de la cruel tristeza, de la incredulidad que perduraba, de las lágrimas inacabables del duelo. Y como nadie más lo sabía, nadie más podía comprender el verdadero motivo de mi súbito cambio de comportamiento, qué era lo que me ensombrecía, por qué de esa manera abrupta me había encerrado incurablemente en mí mismo, si ya de por sí era solitario, por qué me había convertido en eremita, no respondía ninguna llamada, no recibía visitas, estaba por completo fuera de mí, derrotado, llorando bruscamente sin poderme contener, a cualquier hora, tirado en una desesperación que rayaba en la demencia, un pedregoso delirio que me precipitaba al fondo del abismo, condenado a no parar de ir y venir con los recuerdos girando en mi cabeza, esta mi cabeza que no dejaba ni un solo día de rebosarme de recuerdos, y los recuerdos de exprimirme los ojos que jamás se habían desbordado tanto en tan poco tiempo. Estaba agotado, enfermo de Eloísa, harto de maldecir el acontecimiento insoportable de su ausencia, de autocompadecerme, de aniquilarme, de transformarme en un bulto de escombros. Mi corazón era un pozo de amargura y desengaño. Mi mente un despojo, un saqueo. Me había quedado solo eternamente. Algo se había quebrado en mi interior y había puesto una distancia insalvable entre el resto del mundo y yo. Un amanecer incierto, un pensamiento arbitrario me despertó: ¿y el marido de Eloísa, y su hija?

26

Después de la muerte de Eloísa, tardé mucho en retomar y ordenar las prioridades de mi vida. ¿Sabía Beatriz lo que es sentirse nada, peor que nada? ¿Cuándo comienza uno a aceptar, a sacudirse de encima la rabia, y a olvidar, si es que el olvido existe? ¿Cómo se avanza el primer paso, cómo se realiza el primer movimiento? ¿De dónde rescata uno la fuerza, el ímpetu, el valor, la voluntad? Yo lo ignoraba por completo, no poseía a mi alcance ni un solo recurso, ninguna razón válida, ningún sentimiento disponible. Tampoco lo quería. Creo que eso es lo principal: no quería olvidar, y no entraba en mis planes el buscar ayuda. Estaba muy consciente de que no había en el universo quien pudiera ayudarme, entenderme. La soledad era a la vez mi penitencia y mi absolución, y no deseaba hallarle a mi destino un sentido diferente, reencontrar mi catadura, rehacerme, volver a sentirme. Redignificarme (esta palabra se hubiera escuchado tan enorgullecida en sus labios). No era un sentimental y, sin embargo, el demasiado amor de Eloísa me enajenaba y los recuerdos de mi vida a su lado, lo que construimos y experimentamos, ablandaba mi armadura y dale a jalar aire, y a llorar. Ya nunca, como lo imaginamos tantas veces, envejeceríamos juntos. Duró sólo un pedazo de tiempo sobre la tierra, un retacito, una miseria, una migaja de eternidad. A lo largo de semanas y meses inútiles, miserables, mi único consuelo fue maldecir, astillarme de dolor por dentro y por fuera, extraviado, despedazado, dormía muchas horas continuas, me pasaba otras muchas, ignominiosas, frente al horizonte, con la vista extenuada en la distancia; casi no salía de mi cuarto, no me bañaba, comía algo de lo que me mandaba la esposa enferma del portero; me sentaba en el sofá, ponía algo de música, me fastidiaba pronto, me iba a la cama, me volvía a dormir. Así un día, y otro, y otro más, inacabable, sórdidamente, en un congelamiento emocional progresivo y sin remedio. Así hasta que una noche, a punto de arrojarme al vacío desde mi ventana del cuarto piso, abajo, en el fondo de lo oscuro, un perro invisible ladró cual si hubiese visto al diablo y su furia me sacó de la especie de trance en que me encontraba y en medio de una explosión de llanto me precipité a la calle y me puse a dar tumbos de aquí para allá, frenético, enloquecido, durante horas y horas. En algún momento de mi delirio, ¿cómo explicarle a Beatriz lo que es eso?, entreví que el mantenerme en ese estado era como si no dejase descansar a Eloísa, como si estuviera sujetando su alma con mis quejumbres, mis reclamos, mis desatinos, y cobré conciencia de que debía dejarla irse en paz, que ella requería fundirse ya en la perduración eterna y yo insistía en mantenerla atada aún a la energía terrena con mi energía egoísta y posesiva. Había amanecido desde hacía rato cuando me metí en un café para serenarme y recuperarme del desvarío. A media mañana, todavía con el fuego ardiendo en mi interior, de improviso un destello de sol me pegó en la frente, descubrí lo hermoso que estaba el día y vi, comencé a ver la vida a mi alrededor, y sentí la vehemencia de Eloísa en todo mi cuerpo, y me amonesté ya basta, se acabó, no lloraré más. Opté por sobrevivir. Volví a casa y se lo comuniqué cara a cara a su último retrato, ella aprobó mi determinación y me dio una caricia como para el resto de mis días. No dejaré de quererla, le expresé a la sonrisa de los ojos de Beatriz en el teléfono, eso nunca podría ser, sólo que ya no me permitiré llorarla, sentirla cual una perpetua dolencia lacerante. Este episodio ocurrió al día siguiente de que se cumplieron diecinueve meses de su partida. Resolví no volver a la agencia, donde seguían aguardando que se me pasara la crisis de nervios que nadie atinaba a saber por qué me había atacado, y acepté la vieja oferta de ponerme a escribir la estulticia desproporcionada que a una enorme cantidad de lectores les proporciona bienestar y satisfacción. A cambio de las lágrimas, me enardeció una apatía feroz, una retadora y áspera indiferencia, un desprecio lúcido y frío que, paradójicamente, contribuyó a formar mi leyenda y me tornó, para el vulgo, un tipo muy atractivo, una celebridad, un ejemplo a seguir.

27

Está sucediendo algo extraño, me estoy sintiendo poderosa, equívocamente atraído hacia la pequeña silueta rústica y endeble de la tullida, que cada día adopta nuevas actitudes perturbadoras. De improviso, despliega un ademán, una postura tímida y traviesa, como de gata indefensa, maliciosa, sabedora del arraigo de su encanto. Con un melindre zalamero, alarga en su cara una risa pletórica de gracia, alocada, segura, que comienza a parecerse de forma muy peligrosa a la de Eloísa: una buena risa, sin dudas ni fugas, hecha y derecha, esa risa noble y desinhibida que era lo primero de ella que ingresaba en mi corazón cuando venía a verme. Ríe —ignoro si en verdad esa pueda ser su intención— con un gesto brevemente sarcástico, jovencitamente sensual en sus insinuaciones, incuestionablemente provocativa en sus desplantes hechiceros. No obstante, hay algo en su naturaleza íntima, una peculiaridad, una astucia siniestra que me sobrepasa. Tengo la impresión de que no ambiciona sólo poseerme, pretende doblegar mi entereza, valerse de su apariencia desvalida, inocua, para resquebrajar mi voluntad, anularme. Sé que está ahí, detrás de la puerta, oigo sus pasos indecisos cada vez más apagados conforme mis párpados se vencen y cedo a las adulaciones del sueño, una serena oscuridad me absorbe, me rindo a sus bondades, abdico sin esfuerzo de cualquier pensamiento, navego en un océano de silencio, siento cómo mis músculos disuelven su rigidez, por entre mis párpados cerrados veo abrirse la puerta y aparecer la silueta liviana y aún confusa de su adolescencia, el inexplorado continente de ese cuerpo intacto en el que residen las más inauditas promesas, que poco a poco empieza a seducirme con una suerte de prestidigitación, un ilusionismo que surge de la embaucadora franqueza de sus ondulaciones, sus provocaciones para procurar el endurecimiento de mi carne, la audacia con que se anticipa en los juegos de placer que elige y me impone aún antes de que yo los advierta, la espontaneidad cautivante de sus manos, de sus labios, el esplendor de sus caderas, la deliberada, la meritoria intuición de los procedimientos que emplea para prodigarle a mis pupilas innumerables alegrías y a mis dedos dichas tangibles, para amoldarse hábil y ligera a mis apetencias y consumirme en el fragor inobjetable de su trama. Caigo rendido, sin oposición ni reservas, bebo de su piel con un afán irrefrenable, la palpo como a un fruto verde, mientras ella me devora con las dos fieras agazapadas en sus ojos y me arrastra al territorio violento y delirante de su pasión inesperada; me impone la convicción de un deseo categórico, una efusión irremediable que consume hasta su último rescoldo, una compleja mezcla de sentimientos que me provocan una crisis emocional, una enfermedad del amor que está ahí como un enemigo invisible que me sumerge una vez y otra en el oleaje de sus aceites y que brusca, taimadamente me expulsa de su recinto, bañado en la fiebre espesa de sus aromas, ebrio todavía de la satisfacción que se transforma en horrorosa vehemencia, en un ejercicio turbio, angustiado, una sobrecarga para mi espíritu al instante de despertar y enfrentar la deformidad de la muchachita que se mueve como en una danza lúgubre y a la vez con la ternura venturosa de una amante complacida. La expresión de su desafío, ahora, es equiparable al chicotazo de una cuerda de violín que se rompe en lo más sublime de una ejecución. Despuntan apenas, débiles e indecisas, las primeras luces del alba.

28

Estaban cenando en su casa, celebrando la fiesta de cumpleaños del marido, cuando de pronto una risa que empezó como el estruendo de una legítima alegría, se volvió un ronquido ansioso, atroz, un resuello de angustia, una asfixia infame que la obligó a levantarse, manotear, tirar cosas, revolverse salvaje, intolerablemente, con los ojos desproporcionadamente desorbitados y la boca inmensamente abierta en un intento desesperado de jalar aire, de evitar el ahogo que la tenía atrapada, ante los esfuerzos imprecisables e inútiles de su marido que trataba de auxiliarla, contenerla, sujetarla, aporrearle la espalda pues creía que se le había atravesado algo en la garganta, pero la falta de oxígeno en los pulmones acabó por vencerla y derrumbarla sobre la mesa donde comía cuando comenzó el artero ataque de risa que la mató. Desprevenidos y aterrados ante la tragedia, quienes estaban en la fiesta permanecieron paralizados y cuando quisieron reaccionar ya era tarde, aunque quién sabe qué es lo que hubiesen podido hacer. El recuerdo constante, obcecado de esa escena que no viví, me torturó infernalmente durante largo tiempo. Murió de risa. ¿De felicidad? ¿Hizo buena así su convicción de que hay que morir cuando se está en el momento culminante de la dicha, en la cima de la felicidad? ¿Por qué ella que siempre fue solidaria y siempre estuvo dispuesta a tenderle la mano y la comprensión a alguien en dificultades, ella que lograba aliviar desgracias, no pudo rescatarse, salvarse a sí misma? Esa mañana, en cuanto pisé la agencia, me soltaron a quemarropa la noticia: Eloísa había muerto; la noche anterior, era todo lo que se sabía, y el lugar donde la velarían a partir de la una de la tarde. Por la actitud de quienes me lo anunciaron, que parecían entumidos dentro de tinajas con hielo, entendí que no cabía la sospecha de un engaño, de una broma infame, y me derrumbé en un sillón que pusieron a mis espaldas. Durante un tiempo infinito no tuve conciencia de lo que sucedía a mi alrededor. Eloísa muerta. Era tan absurdo, tan descabellado. Sospecho que me puse a balbucear incoherencias, mientras extendía mis manos en el vacío, tanteando idiotamente, tratando de tocarla, de desmentir la realidad de aquella alucinación, aquel delirio, Eloísa, no podía ser. El director de la agencia ordenó que me dieran un calmante, que tragué sin darme cuenta y me puso en un estado de somnolencia estúpida, de incongruencia casi total. No me moví, porque no conseguía sentir que estaba vivo, sino hasta pasadas las seis y media de la tarde. Los dos redactores de mi equipo y mi secretaria se ofrecieron a acompañarme a mi departamento para que me diera un baño y me cambiara de ropa. Enfrenté la verdad, cuando vi el rostro estrujado por la muerte y la cara maquillada espantosamente, a eso de la media noche.

29

Las pinturas de mi padre invariablemente tenían un paraguas como motivo central, y una mano autónoma como coprotagonista. Paraguas negros, engrisados, de colores, a rayas, con puntos, abiertos, a medio abrir, como con vida propia, con expresiones humanas que rebasaban lo humano, dolientes, trágicas, salvajes, cómicas, paraguas en grito, en lágrima viva, en carcajada furibunda, paraguas infelices, a expensas de la locura y el horror, arrastrados por la tormenta, endemoniados, cínicos, burlones, puros, objetos maravillosos en manos que los acarician con temor, que los poseen sujetándolos con codicia extrema, utensilios de belleza perfecta, ingenuos, frágiles, primitivos, a punto de volar cual pájaros migratorios, amantes heroicos dispuestos a esgrimir su valentía contra cualquier tempestad, marineros seducidos por inauditos vientos, náufragos en procura de amparo, de refugio... Conservo uno solo de esos cuadros, en él un paraguas está recargado, con soberbia condescendiente, sobre una pared color rojo sangre coagulada, el paraguas es entre gris petróleo y azul celeste, y en realidad más que recargado está suspendido, pues no toca ni la pared ni el suelo, haciendo mayor la evidencia de su altivez; cerca de él una mano seca, lastimosa, se extiende en actitud que suplica clemencia, lo requiere, pordiosera, inválida, incapaz, en agonía; incontables veces he creído ver en esa mano anónima la de mi padre a la hora de empuñar un pincel, o de aferrar un tarro de cerveza, o de embozarse la boca para esconder los dientes avergonzados por el descuido, o de demorarse frente a un lienzo inmaculado como esperando que la pureza de la tela dictase lo que anhelaba sentir en la superficie; la última vez que vi su mano, estaba incrustada al artefacto inconcebible, desesperada, repugnante, cobarde ante la humillación, el ultraje sin nombre que iba a cometer... Suma de paraguas arcaicos, indigentes, novedosos o hechos pedazos, adocenada escolta resguardando las escaleras de un faro que guía las ansiedades de los navíos, orgullosos mástiles venidos a menos, bufones ciegos, decrépitos, demacrados, limosneros portentosos dichosamente enamorados de una estatua de mujer, héroes fuera de serie peligrosamente domesticados, angelicalmente enfermos, regordetes, mutilados, enanos, muñones de paraguas de facciones beodas, herrumbrosas, siempre acompañados de una mano que es su amante, o su enfermera, su paliativo, su cómplice antagonista, su sostén y su fortaleza, o su punto vulnerable, paraguas de pie, recostados en posturas displicentes, volcados sobre una mesa o una silla, en acrobacias grotescas, ridículas, montados en una ola fugitiva o encogidos y friolentos, resguardados de la granizada bajo un alero tristísimo, silenciados como la guarida de un amor, paraguas resignados, enfebrecidos, incoloramente pedigüeños, casi a punto de expirar y estelarizar las exequias solemnes de un paraguas patriarcal, un paraguas metido en un lío tremendo y la mano compasiva extendida al rescate, la sincera obstinación de un paraguas que no está dispuesto a claudicar, que primero le rompen la vida que dar sus varillas a torcer y cerrarse, junto a otro que se muestra al desnudo, agazapado, esperando algo que nadie, quizá ni él mismo, especialista en tirarlo todo por la borda, sabe qué es... El que mi padre me haya puesto su mismo nombre, ¿perjudicó mi porvenir o lo favoreció? Cristalizó el rencor y su rabiosidad inaudita en mis adentros, en todo caso.

30

Un tempranero rayo de luz solar acompaña a mi ánimo resuelto. El asunto de esta semana, que ha venido a mí con la naturalidad de una conversación confidencial, se basa en el oscuro sentimiento que asedia a una pareja desde el día en que decidieron casarse, crear pese a todos los obstáculos su propia identidad, padecer calamidades y ultrajes y orfandades antes que separarse, ellos, los felices infelizmente oprobiados, acorralados, despreciados, los miserables que se quedaron hasta sin Dios. Llenos de autenticidad y confianza en el porvenir, anhelaban modificar el orden de las cosas, darle un nuevo sentido a su quehacer en el mundo. Bichos raros que eran, a causa de su determinación ejemplar, su ahínco. Y es que así pasa cuando dos se encuentran y no tienen otro afortunado remedio que quererse. Ellos lo supieron y, sin decírselo, o diciéndoselo a cada rato muchísimas veces, porque sí y porque no y porque se les dio su encantadísima gana, se quisieron. Con las bocas, con los ojos, con las manos, con el pelo, con sus deseos y sus exaltaciones y sus sueños, con todo lo que tenían para quererse, así se quisieron, para esta vida y para las que siguieran. Ella era una adolescente de buena cuna, guapísima, dichosa, eufórica, y se enamoró de un joven luchador un tanto locuaz e impertinente, engreído y sobrado de promesas, a quien los conocedores le auguraban un futuro de mina de oro. Se casaron y, a un paso de arribar a la cúspide, la ensoñación les reventó como globo de chicle de mascar: el arrogante titán resultó un fraude, un pobre diablo que reculó cuando se le ofrecieron abiertas las puertas de la gran fama. La coreografía épica precisa, la contienda de las mayores dimensiones, el combate perfecto para convertirse en campeón universal de todos los pesos. Frente a la realidad, perdió increíblemente el aplomo. Ella, además de enamorada, estaba ya encinta, y lo supo desde antes, en cuanto vio el sobresalto, la desazón, la alarma en los ojos de su gigantón acobardado: vio que subiría al ring vencido de antemano. Adolorida y sin resentimiento, compungida y solícita, con un asombro agridulce, sobreponiéndose a la decepción, respirando con suavidad junto a su oído, pausada, amorosa, sin prisa, ajustándose a la verdad, se aplicó a consolarlo. Y él se reclinó en ella, avergonzado esencialmente, estremecido de palpitaciones y mareos, descastado, acomplejado, asustado para siempre. Desde entonces, tal vez a su pesar, despaciosamente y con profundidades de reproche, se fueron amargurando. Nunca volvieron a hablar de aquella noche, de la oportunidad de elevarse a la gloria poco menos que eterna. La pelea crucial era frente al Miedo, el cruel enemigo de mil formas que habría de enseñarle que el triunfo y el fracaso significan lo mismo, lo importante es la energía que emplea uno en lo que realiza, hay que coger al destino por los cuernos y rendirlo o amistarse con él, y seguir adelante sin fijarse en quién tiene la razón, es más, no hacer ningún caso de quién la tiene, en fin de cuentas da igual salir con el brazo en alto o con el espinazo roto, de cualquier modo se gana, lo que vale en definitiva es superar al Miedo, ese viejo gladiador que anda por la vida con el discutible título de invencible, el protegido misterioso de la ventura, el que nadie puede quebrar, doblar siquiera, sacarlo del cuadrilátero a como dé lugar, o tumbarlo de espaldas en la lona para siempre, desdibujarlo, volverlo previsible y visible, desmitificarlo, quitarle la máscara y mostrar su vulnerabilidad, o mejor aún, su inexistencia, liquidarlo sin objeciones, suprimirlo y disfrutar con toda la alegría del mundo entre aplausos, jolgorios, alaridos: el Miedo, el gran campeón ha sido destronado y para que no haya resentimiento, el joven siguió luchando, pero ya de mala gana y con resultados cada vez más penosos. Más desinteresado cada vez, más amortiguado el entusiasmo, ya sin esforzar una simpatía ni aquilatar el valor de la lucha, furtivo, irritable, de sueños mutilados despiadadamente, ajeno a cualquier aspiración, encajado en la apatía, renunció a la búsqueda, privó a su voluntad del afán, y sólo quedó en él una especie de vago envilecimiento, la necesidad o la manía de ocultar la perplejidad, la turbación, la ignominiosa inseguridad de aquella noche. Ayúdame, por favor, no puedo soportarlo, sálvame. He ahí el secreto de su hurañez y su extravío, no la podía ver a los ojos, a su mujer, de inmediato se ponía colorado, apenadísimo. Ella nunca comprendió por qué, y tal vez él tampoco. Tuvieron una hija que les nació malita y a la que llamaron Lena.

31

Mientras más la veía, más enamorado estaba de ella; mientras más me enamoraba de ella, más la necesitaba; mientras más la quería, más deseaba poseerla. Ella, ávida y tierna, afanosa y plácida, me aceptaba como yo era, y yo la aceptaba como era ella, lúdica y paciente, alegre y digna. Ninguno de los dos luchaba por cambiar al otro. O imponerse, usurpar el poder. Yo no esperaba que su amor fuese a la medida de mis antojos; ella no fincaba sus esperanzas en que mi amor correspondiese a la imagen de sus expectativas. ¿Así es como me quieres? Así está bien, entonces. No aspiro a más de lo que tienes y me puedes dar. Y no es mero conformismo, es aceptación de la realidad. Te amo desde quien soy, espontánea, humilde, honesta, libremente. Te amo a ti y amo tu voluntad de amarme. Te amo y te agradezco que me ames de esa única forma en que sabes amar. Pero, si es así, ¿por qué tanta tumultuosa codicia por conocerla en su totalidad, desde sus costumbres hasta el pequeño fastidio de una uña rota, desde sus creencias más hondas hasta su aprecio por una bata de dormir o una crema de almendras, conocer todo lo que tuviera que ver con ella, lo superfluo y lo significativo, sus caprichos, sus programas de televisión preferidos, su tendencia a proteger a las mujeres en desgracia, su desdén hacia las palabras grandilocuentes, la esencia de sus silencios, los pensamientos en que sus silencios se obstinaban, esa mi obcecada exigencia de entrometerme en sus secretos, conociendo de antemano que a un secreto que se devela se le mutila su razón de ser? ¿Por qué, pues, ese mi empeño vano de conquistar, de poseer su alma, si el amor es desinteresado, y es una cuestión de fe? Porque no es el amor sino la fe lo que le da sentido a la vida. Y cuántas veces confundimos el amor con la conveniencia, la avaricia, el miedo, el deber, la culpa, la vergüenza, el sexo, el aburrimiento. Porque amar sin fe es amar en falso, es amar sin creer, y si no crees, ¿cómo piensas que puedes amar? Amar es un total acto de fe. Y bastaba realizar un honesto balance mínimo para constatar que ese desmedido amor que era nuestro amor, brindaba existencia e impulso, armonía y brillantez a nuestros cuerpos desbordantes de exaltación y vigor, aptos para corresponder al deseo; era la curva encantadora de su sonrisa; era ver la alegría excepcional con que preparaba el café de media tarde; era nuestras idas al cine, a caminar por el parque; era darles un masaje a sus piernas desafiantes y estremecidas; era sus recuerdos y sus sueños; era la autenticidad, o mejor todavía la dignidad de elegir el apoyo, la estabilidad que nos dábamos. Y entonces, de dónde y por qué la torpeza de ese instinto de posesión, esa obsesiva estupidez, esa infame porfía sin redención que habré de padecer hasta que me muera. ¿Por qué, Beatriz, por qué?

32

Mesas para cuatro personas, jarroncitos con flores naturales en el centro, un salero y un servilletero, dos bichitos modositos ajetreando acrobacias a lo largo y ancho del local. Dos o tres parejas de comensales distraídos, aburridos. Saludo a la Abeja Dueña como si la nombrara parte de una confidencia amorosa, valiéndome del uso de la hipocresía, tan común a todos los hombres. Ella celebra mi llegada con una desenvoltura casi conyugal, extiende en sus facciones una risueña bienvenida. Me siento, leo la carta, pido el primer tiempo de la comida. Tengo en mi haber dos tipos de adherentes, pienso, las que vienen atraídas por la miel del prestigio: Ah, el mejor en lo suyo, el más destacado, el que está por encima de los demás, el más brillante, ese necio espejismo que resulta muy atractivo para ciertas mujeres, una suerte de triunfo sobre las otras: él me prefirió a mí, él me eligió, lo cual le sirve mucho al amor propio, a la autoestima, a la vanidad natural de *si estoy con el mejor es porque soy la mejor*. La Abeja Dueña se mueve entre sartenes y cazuelas, resuelta, radiante, colmada de collares y pulseras de pacotilla, parpadeando mucho para lucir la negra falsía de sus pestañas, y como enorgullecida de que un señor tan importante sea su cliente y, tal vez, por qué no, su admirador y aun su enamorado. Adivino en sus gestos y ademanes algo como el afán y la gloria de sentirse embadurnada de besos y atrevimientos, felizmente enaltecida y sofocada, y la envidia de los jotos, pequeños diosecitos discretos y respetuosos de los pecados ajenos. Y está el otro prestigio, el rastrero, el de ser el pobre diablo que vive atrapado en la última llama del infierno y al que hay que sacar de ahí a toda costa, ayudarlo a vencer sus demonios, el fuego de su desesperación, el aceite hirviendo de su soledad; este orgullo tiene una doble vía: por un lado la mujer se hace tan necesaria para el lisiado emocional que éste se desparrama en sus manos totalmente y es incapaz de mirar para otra parte, no deja de padecer, pero tiene ahí a su disposición unos brazos entre sumisos y asfixiantes que comparten el infierno con él, se encapsula el mundo, se clausuran puertas y ventanas, nada ocurre fuera de estas cuatro paredes que nos contienen a ti y a mí, los únicos que valemos la pena en esta recia lucha por la supervivencia; por el otro lado está la medalla social de *buena mujer, abnegada, fiel a morir, el amor por encima de todo, el amor que rescata, que absuelve, que salva*, ser una mujer que aguanta su calvario sin asomo de protesta es un honor supremo, extraordinario, no importa la desnutrición de su alma, y esto no pasa de ser una aterradora complicidad, una vil, terrible conspiración para que cada uno entierre o cuando menos ponga de lado la responsabilidad de su propia vida. Odio adentro todo se consiente, se disimula, se somete a la más efectiva cosmetología sentimental para enmascarar el miedo: *de perderte, de que me dejes, de que ya no me quieras, de que te me vayas a enojar, de que desvíes tus ojos de mí, de que te busques tu consuelo bajo otra falda, de que digas que estás cansado, harto... de mí, que te quiero tanto, que doy mi vida por ti, y tú lo sabes, mejor que nadie sabes que no hay quien te pueda querer tanto como yo...* Formas de dominación particular: te ato y al mismo tiempo me ato, amos y esclavos los dos, camisa de fuerza compartida, sumisión y obediencia: un particular y solo destino. Puritito amor al revés. Juntagrescas. Juntalágrimas. Juntaenconos. Juntavenganzas. Cosas de la vida, que a veces va derechita que es una lindura y a veces se nos tuerce sin remedio. Anécdotas anodinas dramatizadas con divorcios, adulterios en hoteles de ínfima categoría, accidentes de aviación, suicidios a dúo. Las historias de este tipo de parejas son las que me mantienen en la cúspide de la popularidad pasquinera y, contradictoriamente, convida a tocar a mi puerta a esta lindura de adherentes a las que no tiene ningún mérito poseer. ¿A cuál de estas categorías de lucro sentimental pertenecerá la Abeja Dueña? Me mira agradecida, como si supiera de la semejanza innombrable y antigua que oscuramente me liga a ella y que ella pasa por alto sin intentar comprenderla: se trata de un secreto que no quiere conocer. Lo intuye, pero la develación sólo serviría para estropear su entrega. Ella se abstiene de distinguir entre la renuncia y el pecado; entre el deseo y la culpa. Prefiere la presencia encubridora de la noche, mis frecuentes duermevelas en que, aquejado de sus manos impacientes, que me palpan hasta que entro en ella como una luz nupcial que se abre paso en su intimidad suplicante y no apaga su fervor hasta la llegada del alba. Y yo la determino: sendero que lleva a ninguna parte, mendrugo de realidad, hermoso botín del vencedor, copa de vida convertida en columna de fuego incendiando la sensualidad del cielo, dejándola exhausta, pegajosa de amor.

33

Otra tarde, hablando por teléfono con la sonrisa de los ojos de Beatriz, le conté de aquel viejo asunto, recurrentemente hecho y deshecho, de cómo conocí a Eloísa, el asombro de la fácil naturalidad, del creciente placer de estar a su lado, de abrazarla, de quererla, de ya no poder vivir sin ella. Con todo y que, en un principio, no pocas veces, las comparaba, parpadeando equitativamente, ponía cara a cara sus formas de mirar, las tonalidades de sus voces, sus arrebatos sentimentales, sus incondicionales abandonos. Si acaso, Eloísa más joven, y Rosaura discretamente más madura, más gruesa. Las contemplaba desde la ternura de mis deseos sumergida en el pasado, en una inalcanzable atmósfera nostálgica. Una secreta quimera. ¿Y por qué no había yo hablado de eso antes? Bueno, pues porque antes todavía no moría Rosaura, y Eloísa aún no había surgido como personaje de *minovela*, ni la sonrisa de tus ojos tampoco, Beatriz, ya que la sonrisa de los ojos de Beatriz apareció hasta que murió Eloísa y se presentó conmigo y se hizo de alguna manera confidente de mi vida. Pobre Beatriz, quizá no entendiera nada de aquel revoltijo que le melancolizaba, y por eso entraba yo en detalles abultados o innecesarios, para aclararle las cosas, y en algunos casos aclarárselos también a mi propio entendimiento, tan dado a correr de aquí para allá, de atajo en atajo, y tan aquejado por la repetición del mismo drama. Mi argumento, mi asunto, ¿o sería mejor decir mi manía? La noche se extiende dentro y fuera de mí. Ah ya, nos quedamos en que, en una suerte de estado de coma emocional… A medida que pasa el tiempo, me digo, algún día, y cuanto antes mejor, daré con el comienzo y arrancaré con la historia de mi primer y mi último amor, de mi doble gran amor. No sé si fue esa tarde, creo que sí, cuando caí en la cuenta de que nunca le había preguntado a la sonrisa de los ojos de Beatriz nada, absolutamente nada de su vida. Y si me apuro un poco y soy honesto, descubro que no sólo esa tarde, nunca le pregunté. Por eso nunca conocí de ella más allá de su nombre, y que era la bondad encarnada. La sonrisa de los ojos de Beatriz, mi elemental y queridísima Beatriz, se volvió mi salvoconducto para pasar sin mayor trámite de la realidad a la fantasía y viceversa. Tránsito fronterizo que no cesaba yo de efectuar a menudo. Mirar doble, por decirlo de alguna manera. El efecto de una doble visión, la sensación del acá y el allá al mismo tiempo, o alternadamente, aunque sin saber distinguir entre ninguno de los dos. Brincoteando de una acera a la otra, como si dijéramos. Bueno, Beatriz, yo me entiendo, o más bien, tú sí me entiendes, ¿verdad?

34

Escucho, a lo lejos, el ir y venir oscilante de sus pasos, mientras me dejo vencer por el sopor, dividido entre la compasión y el desprecio, invitándome a ese reducto al que durante la vigilia me está vedado penetrar, su informe desnudez convirtiéndola en la más deseada; mi cuerpo, rebosante de exaltaciones, se deja caer en ella con todo el peso de su desenfreno, bebe la humedad de su fragancia, chupa acucioso la fermentación de su porvenir, la desgarra con exactitud y entusiasmo, la horada hasta lo más profundo, la extenúa con las espinas del prodigio, el ardor que crece hasta la obsesión, y la ceremonia junta en un mismo afán lo sagrado y lo secreto… Su figura esbelta ondula, vaga, se balancea tierna y desafiante entre mis cosas, husmeando con genuina curiosidad, examinando, reconociendo, aprobando cada uno de los rumbos del estudio; se detiene en la pila de libros de consulta; dedica su constancia a mis cuadernos, espía con delicada voracidad el que dice *minovela*, como quien se acerca al fuego para sentir el calor pero no lo suficiente para correr el riesgo de quemarse, asiente con la cabeza y lo deja; no toca la cubierta del escritorio; pasa ritualmente la yema de los dedos sobre el camafeo; roza apenas una puerta abierta de los estantes de la biblioteca, los filos de los entrepaños; observa muy de cerca las fotografías; no se le advierte intención de apoderarse de nada, los objetos de valor no le interesan; súbitamente se vuelve hacia mí y, con una sonrisa, con una mirada me hace sentir que no estoy solo, que hay alguien a quien le importo, me hace olvidar la desgracia, la tristeza, me lleva a experimentar un entusiasmo nuevo, un desconocido vigor, una alegría magnífica, saludable, que aleja la bruma de mis pupilas… Esa prestancia, esa secreta altivez interior de la tullida, su silueta breve, su gracia primitiva, elemental y estupenda, que me ofrece con gesto cómplice, furtiva y lánguida, la glorificación, la enigmática complacencia en la esbeltez de sus piernas y en la primicia de sus senos, la novedad de su amor, fuente que brota y me inunda de frescura, del contento de su risa, su inagotable risa de horizonte… Caigo en un estado febril, mi delirio está con ella, entregado a ella, al severo trastorno del alma ante su minuciosa desnudez, su desmayada solicitud, y dispongo mi intuición, mi asombro para abrirla, y la roturo con inaudita firmeza, y ella me recibe en la fragilidad de su cuerpo adolescente con una magnífica generosidad, con una tierna impaciencia que me absorbe, siento las entrañas del deseo enmarañadas, irreconocibles, dispuestas a lamer cualquier osadía, llenarse de espinas bajo el mandato infame de cualquier humillación: saciarse, que equivale a renunciar, a dejar que la ceniza satisfecha ocupe el lugar del fuego: si el deseo no está sustentado en el amor, si su único soporte es la carne, no tarda mucho en convertirse en un puñado de hojas secas, en un pozo de arena donde se sepulta a sí mismo… La creo y la recreo en la mente de mi sueño a cada instante, la construyo y la difundo dentro de mí, fabrico a mi conveniencia los pormenores de su más ferviente intimidad. Al mismo tiempo, padezco el estupor de tener esa carne insípida y defectuosa frente a la mía, esa pureza detestable que me repugna y me espanta y me seduce con una morosidad que exaspera, majestuosa, el suplicio novedoso y beligerante y suavísimo de sus besos, su voz tenuemente ronca, amodorrada y cabalmente satisfecha, fiera arrogante y segura de su poder, dotada del máximo sentido, dejando a su paso un reguero de confusión e incertidumbre, destellos de sorpresa, inocultables asombros, el variado tumulto de insinuaciones, palpitaciones, exclamaciones de placer, el propósito de poseerme por entero, de adueñarse aun de mi sangre, de mis huesos... Pero el deseo nunca se sacia por completo, siempre queda un rincón, una parcela, una estrecha guarida por descubrir, por mantener el ansia a la expectativa. ¿Quién sostiene frente al precipicio nuestro destino?

35

Me desnudé y me puse a vagar por todo el departamento, fascinado por las tinieblas, recién surgido del caos, de la nada, sintiendo que era otro yo el que se transportaba como resbalando en un laberinto ciego, acariciado por la noche lánguida y cariñosa, pródiga de misterio y encanto sobre mi piel, en mis músculos, en cada uno de mis desplazamientos; qué estás haciendo ahí encueradito, mi amor, mira nada más; una percepción distinta de saberme vivo, de inculcarle a mi cuerpo y a mis sentidos el aprendizaje de un nuevo oficio, el caminar reposado, minucioso, casi estratégico, utilizar la fisonomía de la memoria de otro modo; vístete por Dios, mi niño, no te me vayas a poner malo; identificar con mis pies descalzos los diferentes materiales del piso, duela, mosaico, alfombra, si acaso ubicar el contorno de las cosas por los inexactos resplandores de la calle a través de las ventanas, flotando en la ausencia de luna, sin expectativas, sin conciencia de nada fuera de mi desnudez; anda, criaturita, no, no estoy enojada, pero ya, vamos, a vestirse; pronuncié en voz alta el mundo es mío, con sus formas, sus matices, sus felicidades, sus disgustos, aunque ignoro si me escuché o no, tampoco importa, lo que sí era importante es que la atmósfera estaba anegada de silencio, entre infantil y envejecida, anclada en las imposibilidades del amor, ahogada en la añosa carencia de un abrazo, una palabra, pero mi padre y yo, sombras furtivas, sólo nos topábamos por casualidad, o por obligación, no por gusto, no por querencia, no para saber si dormiste bien, cómo andas en la escuela, vamos al parque a que juegues un rato, a divertirnos juntos un rato, a ser el papá y el hijo un rato, no, él siempre consideró inútil ese tipo de acercamientos, y yo quería fugarme, desaparecer, ser grande, gente mayor, un adulto, con la tristeza pegada en las yemas de los dedos, hasta que despacio, sin ruido, sin pedir el permiso de nadie, mis ojos empezaron a llorar, mientras él, con sus trajinares miedosos y su atención distraída, transcurría sin verme, sin reconocer quién era yo, o quizá mirando en mí a alguien extraño, un ser que en lugar de estar frente a él estuviese en algún espacio distante de su memoria distorsionada, castigada por la enfermedad del alcohol, no obstante que él decía que su mal radicaba en su alma, que tenía un alma deforme, que era un pobre baldado del alma, que en verdad eso era lo podrido en él, su alma; algunas ocasiones —pocas, es cierto— lo observo en mi añoranza con el puño empotrado en los riñones mientras pintaba, y aún resquebraja mi ánimo el recordar su excitación, los alardes de su rabia, y ese su gesto de amargura y asco que lo ponía lejos de todo y de todos y era una manifestación de su quiebra interior, su carga de destructividad irremediable, de pronto regurgitaba, fermentaba muecas, se desbarataba en sollozos, amonestaba al vacío con una voz densa, atropellada, fuera de sitio, chupándose los labios cual si trajese el peor sabor en la boca, la cara estropeada, resuelta en trizas, el cuerpo abatido, flojo, la actitud vencida, hecho un trapo, tienes que comer, Hugo, estás muy flaco, te vas a enfermar, pero a él no lo inquietaban en lo mínimo las corrientes de aire, daba quién sabe qué cosa acechar su desgano, su dejadez, inerme, idiotizado, la mirada perdida, rarísima, la pelambre llena de canas, sobrepasado de edad, no podía ser, repetía farfullando, su tono malhumoriento, haz de cuenta oxidado, no lo podía creer, quién iba a pensar, se había vuelto no sé cómo, los nervios malogrados, un loco, un maniático, igual que si muriera, y resucitase, y muriera otra vez, como quien despierta y continúa pataleando dentro de la pesadilla, y yo ahí, con mi cerebro tartamudeando ante el frenesí de su demencia repulsiva y maloliente, esa especie de desdén lastimoso que envolvía de mezquindad cada uno de sus actos y que lo condujo a la brutalidad del final, ese salvaje punto final de su existencia con el corazón roto por una bala; mi desnudez se estremece, me asalta su última imagen (todo él sólo son imágenes fragmentarias): la mandíbula colgante, el pecho horadado, las pupilas sin futuro; bueno, vístete ya, o deveras me voy a enojar; una pregunta sonsa me ha perseguido a lo largo de muchos años: ¿Cómo consiguió la pistola?, ¿dónde?, ¿con quién?, porque siempre aventuré —siempre desde la tenaz imagen extraviada en el fondo de mi infancia, cuando comenzó a expulsar la rabieta machacona de que el día menos pensado iba a matarse— algunas de las formas en que podría haberse jubilado de la vida: tirándose de la azotea, por ejemplo, o arrojándose al paso del metro, o zampándose un montón de pastillas para dormir, pero no pensé que pegándose un balazo, y no lo pensé porque se me hacía imposible que pudiese conseguir una pistola; aunque, de cualquier modo, matarse me parece una auténtica estupidez; yo, en el peor de los escenarios, al menos hasta ahora, no me impondría la turbia disyuntiva de tener que hacerlo, y menos en una noche tan afanosamente cálida, tan desnudamente serena como ésta.

36

Nada de su vida. Ni de sus sentimientos. No he querido saber si ama a alguien, si es feliz con alguien, si sufre, si es una mujer desesperada, si ha encontrado al hombre adecuado para sus brazos. Nunca, tampoco, me vi perseguido por la idea de buscar la manera de volver a verla, utilizar a mi conveniencia su abierta disposición para comprenderme, ayudarme, estar de mi lado, es decir, en el vago ensueño de la vida real. No, para nada. Donde estaba, en su lugar lejano, inubicable, estaba bien. Un hombro para reclinarme, para descansar mi fatiga o mi dolor; no pensaba nunca más allá de ese alivio. Ni lo necesitaba. No padecía yo ningún tipo de urgencia, ninguna atracción irresistible, el mínimo asomo de ansiedad, ella acurrucada en su cama, las rodillas contra el mentón; yo, disfrutando desde mi ventana el paisaje humedecido por la lluvia, los letreros luminosos de la ciudad, distintos a los que ella vería si se asomara a su ventana, en caso de que tuviese una vista panorámica como la mía. Sin embargo, por más que quisiera, no cabía en mí la probabilidad de imaginar a Beatriz con mirada de deseo, y no por su cercanía con Eloísa, o porque su hermosura no me fuese agradable, sino simplemente porque habíamos llegado tarde. Había suficientes capas de reminiscencias entre nosotros para sospechar siquiera la posibilidad de una más. El amor que yo tenía para proporcionar en el mundo se había agotado. Viudo en los dos mundos, en el concreto y en el intangible, no existía un resquicio donde colarse. Para ella, yo era un hombre sin cara; para mí, ella una mujer sin cuerpo, sin infancia, sin juventud. Si acaso, me inclino para besarle la cabeza, con suavidad de hermano, con una ternura sin destino. El frío y el viento lastiman la piel de la noche; en algún lugar inubicable de la oscuridad, el tañido de una campana se apresura a concluir su piadosa rutina. Beatriz, una estatua pensativa. Suspira con aire distraído, bondadoso, y de nuevo se abandona, los párpados bajos, reposados, y una imprecisa sensualidad triste, hacia su propio pasado, no incluido en mi fantasía. Beatriz, como mujer, no me sucedería nunca. Hay caminos que no están hechos para cruzarse, es un designio establecido desde el principio del tiempo, y no sabemos jamás de qué privilegios nos privamos, ni de qué tormentos nos salva. A mi favor, he forjado la soberbia de que cuando la requiero, me basta con evocarla intensamente para que, al cabo de un lapso breve, reciba su llamada. En no pocas ocasiones ha sido mi enorme consuelo; otras, mi redención. Su voz en el teléfono, calmosa, como adormecida, la pone en primer plano y conduce hacia mí, con exactitud y felicidad, la sonrisa de sus ojos, me busca conversación acerca de mi trabajo, mis artificios, mi descanso, y me tranquiliza, me proporciona una seguridad que no preciso hacer visible, que desarma mis aflicciones, me protege de mí mismo y, complaciente, colaboradora, confidente, testigo imparcial del amor ilegítimo, el nunca oficial ni oficializado, facilitadora sin historia ni rostro de la clave del clandestinaje, lisonjea y dulcifica mi porvenir, pese a que la vida no suele ser muy precisa ni muy justa, que digamos. Bueno, a ustedes qué puedo decirles, si lo saben de sobra. ¿Ustedes, quiénes?

37

La felicidad es sinónimo de paz interior, de tranquilidad de espíritu, de serenidad. No es algo transitorio, es un estado permanente, irrevocable, inamovible. Esto no quita que haya penas, dolores, obstáculos que te precipitan a la desgracia, sucesos terribles que se presentan con el rostro de la tragedia. Te sacuden, te zarandean, te sacan de la jugada, te descalabran, te dañan, te hieren, te ofenden, te humillan, pero nada de esto es para siempre si mantienes tu tranquilidad, tu paz, tu serenidad.

¿En esto consiste ser feliz?

Sí, es una fuerza que tú tienes, que has desarrollado, o no. Si la has hecho tuya, los terremotos del destino no te derrumbarán, no te moverán radicalmente de tu sitio. Si no la tienes, todo el tiempo la vas a estar buscando afuera, creyendo que el dinero, un empleo, una casa, otra persona te la puede proporcionar. Nada más lejos de la realidad, nada ni nadie te puede dar lo que no tienes.

Siempre existe alguien esperándote para hacerte feliz. Ahora que encuentres a la mujer ideal, al hombre perfecto, ahora que te cases, ahora que constituyas tu familia y tengas tus hijos, que habrán de ser tus propiedades más sublimes, tu carácter y tu forma de ver el mundo va a cambiar, vas a conocer en vida propia esa armonía superior que es la felicidad.

No es cierto. Nadie te puede hacer feliz. Esa es una falsa creencia, un mito desastroso que ya es hora de abolir. Es lógico que nos entusiasme la idea de delegar la responsabilidad de nuestra satisfacción, de nuestro bienestar, de nuestro placer, en otra persona, que otra persona nos cuide, tome las decisiones por nosotros, elija lo que nos conviene, es muy cómodo, qué bueno cuando encontramos una persona así, capaz de hacernos tan felices, pero ese espejismo de paraíso ni es lo más deseable ni dura mucho, al poco tiempo ya estamos llenos de rencor y de rabia, ofendidos, tristes, insatisfechos, y lo único que queremos de esa persona tan buena es que nos deje respirar, no somos sus esclavos, no es nuestra dueña. Y es que no hay nadie que sea propietario de nadie. Una cosa es la pertenencia y otra la propiedad. El hecho de que yo pertenezca a una familia no quiere decir que les pertenezca. Los padres posesivos hacen hijos baldados. Les apagan la llama del entusiasmo, los inhabilitan, los castran. Y creen que lo hacen por su bien, pero ¿a quién le hace bien que lo inutilicen, que lo incapaciten para hacerse cargo de sí mismo, de manejar las riendas de su propia vida? *Te quiero tanto, que todo lo que hago por ti es por amor.* Sólo que esto no resulta ni agradable ni sensato. ¿A quién le puede resultar satisfactorio que lo amen maniatándolo, impidiéndole crecer? El día que aprendas que la única, que la verdadera felicidad está en ti, ese día empiezas a vivir, en ti, por ti, para ti, contigo, y a partir de ahí, de tu felicidad, es que puedes establecer relaciones satisfactorias, amorosas, significativas, verdaderas y duraderas, porque están siendo desde lo que eres, desde lo que tienes para dar, no desde tus carencias o tus limitaciones o tus prejuicios. La felicidad, la serenidad, la verdad, son lo mismo: un estado interior que le da valor, trascendencia, significado a tu paso por este mundo.

38

Cuando la noche se alarga, triste y supliciada, y entra la muchachita tullida en mi duermevela proyectando su sombra y fundiéndose con las de Eloísa y de la Abeja Dueña, el triple aspecto, la triple impresión, la triple exaltación que viene a ser un enérgico reconstituyente, difunde dentro de mí impecables, inverosímiles ofrendas que me hablan con lenguaje nuevo cada vez y son aclamadas por el entusiasmo de todos mis poros; su figura acampa en medio de mis estremecimientos y merodea, gira, danza, rocía pétalos de rosas rojas en el escenario de la casa, se convierte en la voluptuosa ama con corona y velos de novia ofreciendo los aromas, las esperanzas, los sortilegios de su santuario, y es pechos y muslos y vientre y manos y cabellera, toda completa vuelta riqueza, versatilidad asombrosa, es el centro y los confines del mundo, es los atrevimientos de sus labios, de su lengua exquisita y flexible sobre mi reposo sonámbulo que se estira para tocarla, para hundir los dedos de mi apremio en la primavera, en la primicia nupcial, en la fiesta impía de su textura que me promete un destino grandioso junto a ella, el precio es el sometimiento absoluto, la entrega total: quiero poseerte, eso es todo, conocerte sin límites hasta la fibra más secreta; son mis palabras en su boca, es lo que yo quería de Rosaura: la posesión íntegra, sin fisuras, penetrar todas sus maravillas, todas las claves íntimas de su naturaleza, las impensadas, las imposibles, las que me harán suyo al poseerla y le permitirán tomar posesión de mí, de mi corazón, mi conciencia, mi voluntad, mi alma, dejar atrás las expectativas mezquinas de mi vida actual y abrirme a dimensiones insospechadas. Házmelo —siempre me lo pide de manera distinta, con diferentes intenciones, a veces con premura, a veces con firmeza, a veces con una serenidad irrebatible—. Házmelo, y confundo la voz, la intención, la intensidad. Y entonces los delirios de los cuerpos imponen sus exigencias y servidumbres, sus ritmos y densidades; en su gloria más profunda, todo momento resulta irrepetible, mágico, sagrado, un prodigio de verdad y de alegría tangible; me inclino ante ella —¿ante cuál de ellas?— lo mismo que en una plegaria, humilde y transportado, y, esperanzado en agotar sus dones, sujeto a sus designios, me consagro sin límites ni condiciones a su adoración. Sin embargo, inesperadamente, la tullida engruesa su cuerpo satisfecha con su destino de mujer y siento que la quiero y eso me espanta, y la Abeja Dueña semejante a un alma en el purgatorio usurpa sin emergencia la figura de Eloísa que rechaza el peligro de vivir y ríe y ríe y ríe sin parar y jadea frenética entreabriendo su bata a la curiosidad del espejo en medio de una melancolía vacilante, temblorosa, gigantesca, y el caballo me mira con su ojo desvalido suplicándome que no lo deje morir, que lo ayude, que salve a Eloísa que se decolora en el azogue manchado, presuntuoso y resuelto de su felicidad. Una suerte de encantamiento retrospectivo me paraliza. Sé que Rosaura, sentada en el borde de un columpio, zambulléndose, emergiendo, dirige nuestros pasos, los de Eloísa, los de Beatriz, los míos. Pero Rosaura ya no está. Rosaura me falta, irremediablemente.

39

A ratos, con la cabeza zambullida en la obsesión, en el sufrimiento extremo; a ratos enfurecido por esa manera estúpida de incrustarme en el recuerdo no experimentado de la risa fatal, me da por imaginar al marido de Eloísa, ese precario sobreviviente hundido en la pasividad, el aislamiento, la abstracción, sumergido en la planitud de sus días con una mezcla de estupor y abatimiento, la conciencia infectada de rencor, de indolencia, de castrado grito, corroído por las huellas imbatibles de la angustia, la desesperación pulsando en sus arterias, la mente abismada en un odioso letargo, el corazón despulido por ese capricho cruel de la fortuna, ese agravio cobarde y mal intencionado por parte de Dios que lo empujó al abismo de su inaudita viudez, roto en su convicción más profunda, en su sentido de la justicia, huraño y esquivo, los párpados hinchados y el semblante fuera de sí, alucinado, su fuerza vital mermada. Cómo la muerte de una sola persona puede derrumbarlo y transformarlo todo. Ella murió con él a su lado, y él habrá de morir solo, anclado en su necesidad de ella, de los múltiples papeles que ella desempeñaba para él: novia, compañera, confidente, amante, salvadora sincera, desinteresada, apasionadamente tierna, su mano práctica, el insustituible consuelo de sus tropiezos. Extenuado, tembloroso, piensa una vez y otra en la muerte prematura de su mujer, con rabia, con un agudo sentimiento de frustración; experimenta un permanente estado de zozobra, de aguda somnolencia esencial, no le queda un residuo de voluntad ante esa estafa ruin del destino, ese deplorable hurto, esa inexplicable desventura. Frente a él se abre, como última y definitiva esperanza, la reivindicación de la eternidad donde habrá de reunirse con Eloísa, que lo aguarda amorosamente con los brazos abiertos. Qué difícil volver a entrar en la vida cuando el fuego del dolor quema sus vigilias, prende lumbre en sus sueños, desciende por la memoria y lame la piel en carne viva con las evocaciones de esa presencia cada vez más lejana e imposible. Qué difícil volver a ser el padre feliz de su hija —mía también, nuestra hija—. Fantaseo los días de fiesta en que la niña, imagen en miniatura de Eloísa, invariablemente le parte el corazón porque de pronto empieza a llorar con una desolación inabordable, no hay posibilidad de contener sus lágrimas, no cabe sino esperar a que, así como ha brotado, del mismo modo amaine el llanto. Después de eso recupera su entusiasmo y su alegría y ríe con una claridad inefable, igual como lo hacía su madre. Eloísa. Su risa natural y versátil, el perfecto remanso de su risa siempre dispuesta e irrevocable, enjambre supremo de gracia, de consolación, siempre, delicadamente resuelta, serena y reflexiva, cómplice del amor o aliada traviesa de la impertinencia, tranquilizadora y desafiante a la vez; su

risa a veces desordenada, nerviosa, espontáneamente abierta, dulcí-
sima y fascinante, una risa inmensa que sin duda se formó de todas
las risas que había reído a lo largo de su edad; su risa que era como
su corazón: abarcaba el universo entero; su risa que era una perpetua
revelación de la ternura, la última virtud de un sueño, esa misma risa
inaudita, imposible, innoble, espantosa que acabó con ella. Hay algo
insuperable, y triste, muy triste en todo esto. Su marido y yo, moldes
vacíos, desfigurados por el duelo. Me viene a la cabeza, impertinen-
temente, la fuente de azulejos en el vestíbulo de la funeraria. Beso
quedito, con devoción, la foto de Rosaura. Sé que sonreímos.

40

O soñé o me estoy volviendo loco, le dije a la sonrisa de los ojos
Beatriz una de las veces que hablamos por teléfono. Era una tarde
lacia, caliente, perezosa. A Beatriz le fascinó aquella inesperada confidencia. Me pareció, por el tono aterciopelado de su voz, que había
sonreído. Y recordé que el rasgo inolvidable en ella —lo poco que
alcanzó mi percepción a memorizar de ella— era que sonreía de esa
forma. Esquivé deliberadamente cualquier remembranza de Rosaura
o de Eloísa, porque eso podría explicar o justificar mi sueño o mi
locura. Fue como si lo estuviera viviendo, como si lo mirase otra vez
en este momento. Una fantasía de carne y hueso, le dije, bien vestida, con ropas caras. Muy derecha ella, la cabeza levantada, segura
de sí misma. Como si pasearse por mi mente fuera un acontecer
cotidiano, una vieja costumbre. Entrelazamos nuestros dedos y nos
metimos a un café, le dije, quitadísimos de la pena. (Era un café al
que iba seguido con las dos, primero Rosaura y después Eloísa, claro,
pero no se lo dije a Beatriz, que continuaba con la sonrisa de sus ojos
puesta en mí por el teléfono, y eso me gustaba mucho, cosa que tampoco quise decirle, no fuera a retirarme su confianza, a renunciar

a hablarme de vez en cuando, pues era siempre ella la que llamaba para saber de mí, cómo estaba, si ya iba mejor, perder a quien uno ama es lo peor en la vida, repetía a menudo, con lo que me recordaba su vínculo con Eloísa y su conocimiento de Rosaura, y hubo un instante en que creo que me oyó muy desesperado por lo que le estaba contando, pues sentí que tomaba mis manos y las retenía entre las suyas con una especie de ternura heroica). Con ganas de que alguien nos hubiera visto para que me creyeran, le dije, ya que ni yo lo podía creer. Porque la cosa resultaba de lo más natural y espontánea y era, al mismo tiempo, como salir huyendo de un espejo, como experimentar que finalmente podía escapar de él. Y todo esto sin moverme de donde estaba, sin zapatos y sin miedo, le dije. Sin equipaje. Sin pasión. Volví a escuchar la risa de los ojos de Beatriz y no me atreví a decirle que no se trataba de una broma. Continuaba yo quietísimo y a la vez corriendo y contando números al revés, dormido y viéndome dormir, subir y bajar escalones enredado entre los cabellos de esa fantasía que se distorsionaba como en una casa de espejos deformantes. Sigue, por favor, sigue, me exigió Beatriz, pero yo no consigo soportarlo más, le dije, porque la invención de mi sueño o mi locura se transformó en una grosería, alta, robusta, vestida y decorada de novia, que se mordía los labios y se encajaba los dientes en las uñas, y era hermosa y se burlaba de mis sentimientos y calculé cuánto podría yo tardar en empezar a quererla y a perder la cabeza por ella. (Cuando no queda otro remedio, dejo que Rosaura y Eloísa vayan juntas de paseo, o de compras, o al cine, o que me acompañen a correr al parque y sean jueces imparciales de quién gana la carrera, si el caballo o yo, aunque lo mejor es que salgan solas las dos, siempre tienen tantísimo qué conversar, son tan buenas amigas, me encantaría decírselo a Beatriz, pero no sé si lo entendería, es curioso y difícil, yo lo sé, aunque nada del otro mundo. Nunca sabe uno con los desvaríos. Y con los delirios, menos). El caso es que la sonrisa en los ojos de Beatriz brilla con mayor intensidad, sólo que para disimular cruza las piernas y se finge la que está pensando en otra cosa cualquiera. (La tarde se mantiene caliente y perezosa, y con todo y eso yo estoy morado de frío). Cierro la boca, entonces, casi muerto de pena, como si con eso pagara una deuda de juventud, o le pregunto cómo está el clima allá por donde ella vive, y si podríamos ir a visitarla cualquier día de éstos, sí, los tres, por supuesto, Rosaura y Eloísa estarían verdaderamente fascinadas, después de mil años de no verla en la vida real, le dije.

41

Nos apretamos las manos y nos abandonamos a la dolorosa y sincera cordialidad de un abrazo, haz de cuenta como si confirmáramos una vieja amistad. Se terminó el sentido de mi vida, creí oírle decir. Miró alrededor, como receloso de que alguien más lo hubiese escuchado. Trató de controlar el temblor de los labios. Fracasó. Tuvo que ocultarlo encajando la barbilla contra el pecho durante varios segundos. Cuando levantó la cabeza, vi que sus ojos, claros y cansados, estaban a punto de reventar en llanto. Tenía la piel excesivamente enrojecida. Más allá del abrazo, no intenté forzar el auxilio de ninguna consolación, ni me impuse el deber de una mayor cercanía o la confianza servil de ponerle una mano en el hombro. Sólo estar ahí, así, náufragos los dos, solitarios, compartiendo el infortunio, la expresión lastimada, fugitiva. Aquella noche del velorio, Beatriz, te has de acordar, antes de que acudieras a rescatarme. Él y yo, con nuestra análoga actitud anonadada y estúpida que se vio rota sin remedio por los ostentosos relevos de pésame volcados a favorecerlo. Para mí no había —no hubo, con excepción del tuyo— un gesto de solidaridad, un mínimo gesto, no podía haberlo, yo era el otro, el intruso, el oculto, nadie conocía —fuera de ti— el lugar que yo ocupaba en la vida de Eloísa. Por eso, quizá, ahora busco alguna similitud entre él y yo, y procuro comprenderlo como se comprende a un amigo, más aún, intento sentir igual que él, pensar como él. Ser él. Tal vez te parezca una sinrazón, Beatriz, un absurdo, un sacrilegio.

Muevo una mano como si quisiera espantar una mosca, desbaratar un mal pensamiento. Me hallo, me sé espantosamente solo, desposeído. Balbuceo, excitado y ansioso, trato de no equivocar sus palabras, apropiármelas, de ser posible. Cómo ha transcurrido el tiempo en unos cuantos días. Del desasosiego embistiendo mis noches habla mi cama revuelta: noches insípidas, inacabables, de incertidumbre brutal, impiadosas, apenas si logro distraerme de mí mismo, acatar el ciego impulso instintivo de sobrevivir; en todo caso, Beatriz, lo que tengo que hacer es adaptarme, aceptar el mundo sin ella a mi lado, ¿no te parece?, cambiar hábitos, modificar conductas, lo que antes hacíamos juntos ahora debo hacerlo solo, sí, de hecho hay muchas cosas que uno puede hacer sin necesidad de estar acompañado, comer, ver televisión, pasear con la niña, nuestra hija, llevarla a los columpios, a tomar un helado, pero hay otras para las que es indispensable el cuerpo de Eloísa junto al mío, besarla, acariciarla, madurar la felicidad sobre su piel, saberme dentro de ella, cómo le digo a mi cuerpo —el desilusionado, el dejado sin ilusión— que ya no está, cómo le hago para que lo entienda, para que lo acepte, mi boca huérfana de sus labios, de su aliento, de sus dientes; en todo caso lo difícil es admitir el estar con mis añoranzas de ella puestas en ella, acostumbrarme a su ausencia irrevocable, admitir el tormentoso nunca más que lo ennegrece todo, lo que fue mi vida antes de quedar hundido en esta arbitrariedad absoluta, sin fin, sin antídoto, antes de este dolor que revive en mí la soledad más antigua, aquella del relámpago del principio, el vértigo infinito, cuando el rostro de Dios no se había mostrado aún a la eternidad, cuando cada mañana era un movimiento de los astros a nuestro favor, y sí, es muy cierto lo que dices, Beatriz, lleva tiempo aprender a vivir de nuevo, a reacomodar las cosas dentro, a reconstruir la forma de ser, a conformarme otra vez, a quitar este temblor de las manos, esta permanente sequedad de la boca, apaciguar el nervio indómito que de pronto se dispara en una pierna, en un brazo, en un hombro, da un tirón en el cuello, remeda los modos del destino, que ataca de maneras sorprendentes con sus apariencias, caprichos, deseos, ultrajes, mutilaciones; en cualquier caso, esto que pasa me pasa a mí, el aturdimiento, la tristeza, la desolación, son sólo cosa mía, de nadie más. Algo entre Rosaura y yo, nada más. El reino de mi amor ya dejó de ser de este mundo. La mosca insiste en sobrevolar mis pensamientos.

42

Resignación. El marido me miró fijamente, pero mirando muy lejos más allá de mí, con incrédula desazón, con una tristeza callada y correcta; luego, expandiendo un gesto mezcla de angustia y estupor que parecía impreso en su rostro para siempre, melancolizó ya no la tendremos más, y yo, sorprendido y rígido, sustrayéndome del comentario, le respondí con un ademán ambiguo. ¿Él sabía? Ojalá que no, no sé por qué, pero ojalá que no. Ignoro si él y yo hubiésemos podido ser amigos, somos tan opuestos, aunque finalmente hemos de ser parecidos en algo, pues de otra forma no me explico que Eloísa nos hubiese escogido a los dos. Algo esencial tiene que haber sido, algo que no es posible percibir a simple vista. Sin que mediara mi voluntad, los vi, mi memoria se encargó de ponérmelos enfrente, a Eloísa y a él, radiantes, felices en su cotidianeidad, y asomó también la falta espantosa que me hacía cuando se iban de viaje juntos, era un desasosiego incesante, una auténtica locura, pero al final nada serio, nada que desafiara o pusiera en riesgo el amor entre ella y yo, la disposición invariable a satisfacer la vigorosa ansiedad de nuestros cuerpos, que nunca llegó a saciarse. Me recordé a su lado, ebrio de estremecimientos, temblores, palpitaciones de relojería, me recosté en la intimidad que creamos y me perdí en ella con asombro y gratitud, abultado de porvenir. Eloísa, que reproducía sin equivocarse el torrente de pequeñas alegrías y enormes júbilos en la entrega incondicional de Rosaura, su insustituible antecesora. Acuñé un mundo secreto a partir de Eloísa y de improviso, sin proponérmelo, sin darme cuenta, se vino abajo, y entre sus escombros apenas si alcanzo a rescatar a su marido y a la niña, esa constancia de vida, esa hija que no sé de quién de los dos es. En ocasiones me obsesiona la curiosidad y pienso en pedirle que me permita conocerla, pero un resto de pudor me lo impide. No me atreví, o no logré juntar fuerzas para quedarme hasta lo último; después de hablar y serenarme con la sonrisa de los ojos de Beatriz, me acerqué otra vez a él, nos dimos un sólido apretón de manos y un abrazo recio a modo de despedida y me fui, no a mi casa —no podía asumir el riesgo infame de toparme con la quimera de la muchachita tullida entre mis sábanas—, sino a un café abierto hasta la madrugada. Los agujazos de la desazón comenzaban a convertirse en una bola espesa en el centro del pecho, una pelota durísima que iba ocupando cada vez más espacio y me obligaba a respirar con dificultad, como si me comprimiera los pulmones, como si fuera a asfixiarme. Al llegar al café me quedé en el coche, atrozmente desvalido, incapaz del menor movimiento, y sin percatarme, el llanto empezó a desparramarse por mi rostro, un llanto colérico, salvaje, imparable, y perdí la noción del tiempo y de lo que ocurría a mi alrededor. Cuando un repentino y abúlico matiz anaranjado anunció la presencia del alba, congestionado, desarticulado por las tantas lágrimas, emprendí el camino a mi departamento, convencido ya de que no estaba soñando, de que no se trataba de una pesadilla atroz. Aquel día amaneció lloviendo. Y no paró de llover en tres días.

43

Los sueños, en ocasiones, son más reales que la realidad. Por ejemplo, al borde de la medianoche soñé que su boca —remanso colmado de estupor que parece acabadito de hacer— me besaba (su boca, la imprescindible, la irrenunciable, la insustituible) y sus besos, que eran la suavidad hecha labios, tenían un sabor leal, como de nostalgia, de tiempo que regresa, de alegría recobrada, de vida inmemorial; sus besos, revelación feliz en cada ronda de besos, eran siempre como ir un poco más allá en la ternura, en la profundidad mágica y laboriosa con que se ofrendaban a la fortuna y a la fantasía, al misterio y al asombro, cada beso una iniciación, una audacia, un ámbito húmedo, aventura y desahogo, silencio y escándalo memorables, pasión sin sosiego que hacía del placer un ánfora melodiosa, un fragor de anhelo y extenuación, mohín altanero, provocador de locura y desenfreno, y uno se desprende del beso con ánimo de gloria eterna y voy a pedirle a la sonrisa de los ojos de Beatriz que me llame por teléfono para sincerarme con ella, confesarle que yo quería ser feliz, mas no la indelegable responsabilidad de ser feliz. Y es que la felicidad es un regalo maravilloso, sí, pero también un compromiso y una responsabilidad del tamaño de este mundo, asegura Eloísa. Las muchachas del taller la miran con curiosidad: ¿Y ahora qué?

Para empezar: ¿por qué pienso en *darte mi vida*?, ¿qué gano con eso? Bueno, pues lo hago para:

a) Quitarme la responsabilidad, que tú te hagas cargo de mis pensamientos, mis sentimientos, mis ires y venires, mis triunfos y descalabros, mis aspiraciones, mis deseos, mis preocupaciones, en fin, de mi vida y milagros por entero, ¿lo ves, mi amor?, yo me lavo las manos, me desentiendo y tú te haces cargo, ahora la única persona responsable de mi vida eres tú, porque yo ya te la di;

b) chantajearte, controlarte, manipularte, al darte mi vida te arrebato la tuya, establezco las bases de una relación insana: a partir de ahora no voy a manejar mi vida sino la tuya, me la apropio y me adueño de ti; tú ya no vas a poder hacer lo que quieras, vas a hacer lo que yo quiera, porque al darte mi vida te convertí en una persona sujeta a mí, mi esclava;

c) tener a quién culpar de todo lo que me pasa, de quién avergonzarme, por quién sufrir, a quién reclamarle si me va mal, con quién pelear;

d) que me cuides, me atiendas, me quieras como yo quiero, como yo sueño, como yo necesito, como yo he deseado siempre que me quieran;

entonces, el *darte mi vida*, que parece algo tan inocente, tan generoso y tan genuino, tan noble, tan incondicionalmente amoroso, es en realidad un asunto de brutal dependencia en su propósito, y de imposible realización, pues por más que nos esforcemos nadie va a poder vivir nuestra vida, nadie va a poder pensar o sentir o caminar o comer por nosotros, así como nadie va a poder querernos como nosotros pretendemos ser queridos.

¿Y tú qué opinas de todo eso?, inquiere la sonrisa de los ojos de Beatriz por el teléfono. Que a mí a veces la vida me ve como si me desdeñara un poco, le contesto, como si le causara lástima. Porque da la casualidad que sigo llevando conmigo a mi peor problema: yo.

44

Eloísa espantosamente quieta en su estuche, tan lejos de todo, el rostro anguloso, perversamente maquillado de una forma que ella jamás se hubiera permitido, tan distinta en su nueva belleza rígida, solitaria y ajena, atrozmente inalterable, vacía, soportando la curiosidad, el morbo, la compasión, los rezos, las excelentes caras de circunstancia, y su marido ahí, como encajado a la fuerza entre los tantos conocidos y desconocidos, la tanta gente abrumándolo con sus pésames, sus frases hechas, sus abrazos, sus lágrimas, mientras él, convulso y seco, áspero y complaciente, con una expresión de embrutecimiento, de idiotez, la mirada humedecida de mansedumbre, con un cigarro apagado colgándole de los labios brillantes de saliva, estrujaba sus manos, las introducía en los bolsillos del pantalón, las entrelazaba, las mantenía todo el tiempo en acción, análogo a un mal actor que no atina qué hacer con ellas, se las pasaba por la cara, por las orejas, por el pelo, independientes del resto del cuerpo, y de cuando en cuando el estremecimiento, la sacudida brutal y el llanto incontenible, lastimero, que parecía extraño por completo a su voluntad, semejante a un manotazo brutal que lo hacía perder piso, compostura, y de pronto, como arrepentido de sus lágrimas, como si de pronto las sintiera ridículas, fuera de lugar, volvía otra vez al penoso decoro, a los afanes del mundo, de pie, ya pasó, todo está bien, aunque nada lo esté, fingir las apariencias como debe de ser, recomponer los buenos modales, la corbata en su sitio, de nuevo un aspecto irreprochable, la decencia del fervor, todos que la querían mucho a ella, todos que lo quieren mucho a él, todos amables la mar de buenos, todos cumpliendo la misericordiosa acción de afligirse por un rato, tan pulcros, tan meritorios (aunque nadie menciona la risa, esa risa insoportablemente estúpida que la mató), pobre Eloísa, una mujer tan valiosa, nos va a hacer tanta falta, supo hacerse amar como ninguna, algunos sorprendidos, otros asombrados, alguien a punto de sufrir un desmayo, la impresión, ustedes perdonen, los cirios, las flores, la pequeña voluptuosa aglomeración en ese espacio, una reina una virgen una santa una diosa: Ella: Eloísa. Y él ambula entre los vivos semejante a un muerto viviente, fatigado, remoto, se inclina, se recuesta sobre el ataúd, descomunalmente abatido, irrebatiblemente enamorado, y le reza, o le habla, le confirma su amor, le agradece la vida juntos, elabora ademanes en el aire, como si la protegiera, si la cuidara, y yo ahí, mudo testigo incapaz de largarme, al acecho, azorado y receloso, descorazonado lo mismo que él, pero rencorosamente marginado, sin poder realizar nada, sin recibir ninguna consolación, ningún apoyo, ni una sola muestra de solidaridad, el personaje central era él, menoscabado, patético, el único protagonista, el legítimo, el poseedor de todos los derechos, el dueño de la situación, del orden, del escenario, y yo, ¿estoy aquí para que me aplaudan?, es increíble esta necesidad que tengo de repente de que todos sepan que yo también la amaba, y que mi dolor es tan grande como el de él, y más grande todavía, más grande que el de todos ustedes juntos, más real y auténtico, porque nadie la amaba igual que yo, porque nadie ha amado nunca como yo la amé, y lo que quizá nos hermana a él y a mí en este instante es el padecimiento, el hueco inmodificable de la soledad incrustada de golpe, la oscuridad de caverna, de eclipse total, aunque desiguales en la lentísima tortura, la fatiga, el infinito desconcierto, y de rato en rato huía hacia el baño y lloraba, imploraba, me mordía los impulsos de aullar que se abatían sobre mí como buitres implacables, y después, resueltamente hostil, irritado, animal acosado que no encuentra la salida, con el pesar de quien se sabe y se siente un objeto inútil, volvía a ocupar un asiento en un rincón, y la noche se alargaba interminablemente, en medio de las demostraciones de indulgencia que se renovaban por oleadas, y en una de ésas, sin siquiera darme cuenta, decidí darle el último adiós a ese rostro sobre el que ya nunca más se depositarían mis besos, mi alegría, mi infinito amor, y me asomé al féretro para verla. Nunca debí hacerlo, fue un golpe espantoso, estuve a punto de perder el sentido, pero alguien me tomó del brazo y me condujo fuera, me llevó a la cafetería. Era una mujer casi hermosa en su serenidad, casi admirable en su dulzura. Una lágrima dulce. Su voz parecía dudar entre la placidez y la tristeza comprensiva, compasiva, confidente; la coincidencia de sentimientos en ese momento quebrado de pesar, fue como salir del fondo de un estanque a respirar aire a bocanadas, un gran rasgo de felicidad en medio de aquella catástrofe, de aquel caos del corazón. Su mirada era clara, amorosa porque provenía de lo más hondo de su relación con Eloísa. Era Beatriz, su prima. Después de esa noche, nunca nos volvimos a ver.

45

Si logro pasar este recuerdo, sobreviviré... Desde hace un buen rato —desde alguna hondura del sueño—, está frase anda rondándome la cabeza: Si logro pasar... Antes de sentarme a escribir, me quedo plantado ante la ventana, devorando con los ojos el esplendor del cielo, el sagrado instante crepuscular, la confusa, casi palpable, casi concreta belleza del atardecer acariciando las calles, los edificios, metiéndose como novia enamorada entre los árboles, entre las gentes. Abro un poco la ventana para recibir algo de los ruidos del mundo. Se forma una agradable corriente de aire tibio. Retrocedo en los días hasta dar con el que necesito, cuando escuché aquella verdad y me propuse

contarla… Ella, gruesa y simpática, atractiva; él, jovial y resuelto…
Exagero si digo que estos personajes me acorralan, porque más bien
me seducen de una manera dolorosa, como si mirase de frente un
sol de mediodía; sé quiénes son y lo que hicieron, y quizá por eso,
alternadamente, se me ofrecen y se me escabullen; en realidad no se
trata de inventarlos sino de reconstruirlos, los he tenido al alcance
de mi mano muchas veces y deliberadamente me he negado a recrear-
los como debe de ser. La anécdota en sí, análoga a la experiencia de
vivir, es demasiado simple… Están en la habitación de dos veces por
semana desde hace casi catorce meses; él alquiló el departamento
para que pudieran verse sin el menor riesgo; ambos traen los rega-
los que se intercambiaron en Navidad: él un reloj con carátula blanca
y números negros, ella un espléndido camafeo de plata; esta tarde es
la última del año y han traído una botella de champaña para brindar; es temprano aún, pero a las ocho y media de la noche se irá cada
uno para su casa, a celebrar con su respectiva familia; no llegaron a
cumplir su propósito; al parecer, entre las fatigas del amor, los brindis y el calefactor de gas descompuesto, se quedaron dormidos, des-
nudos, las caras muy juntas, los cuerpos congeniados en un abrazo
ya imposible; los encontraron tres días después, por la mañana; a la
mujer encargada del aseo le tocó descubrir el macabro hallazgo; todavía el olor a gas merodeaba el ambiente; el escándalo fue mayúsculo,
furioso; los escabrosos enredijos policiales, la rapiña de la prensa, los
morbos de la sociedad; el esposo de la mujer y la esposa del hombre
se debatieron durante mucho tiempo entre la incredulidad y el odio;
el muerto dejó dos hijos, la muerta sólo uno, los tres pequeños; los
de él, quizá para protegerlos de la humillación y la vergüenza, desa-
parecieron de la ciudad junto con la madre; el de ella se quedó con
el padre, un artista relativamente famoso que nunca consiguió deste-
rrar el rencor de su corazón y acabó con su vida de una forma miserable; ningún ser viviente conocerá nunca si la tragedia se debió a
un accidente o fue un acto deliberado de los amantes muertos; como
haya sido, al cabo de unos meses ya nadie se acordaba de ellos; bueno,
casi nadie… Esto es todo, mas no encuentro adentro de mí la decisión para sentarme y escribir, puntualmente, esta anécdota que me sé

como entre brumas, como un sueño que está tan nítido que en cuanto le pongo la primera palabra encima, se distorsiona; es un suceso que, de tan conocido, me resulta ajeno, amenazador, un pasaje íntimo al que le tengo miedo, cual si se tratara de un engaño, de la peor de las mentiras. Ignoro, al cabo de mucho pensarlo, si podré darle vida al episodio completo. Voy a la cocina por un vaso de agua. Ha sido día de estar solo. Regreso a la sala. El calor se ha puesto más intenso, poco menos que insoportable. Abro la ventana a todo lo que da.

46

—Venía usted hablando solo, qué chistoso.

¿Lo dijo o me lo figuré? Venía distraído, en todo caso, eso sí. Algunas ideas enmarañadas con disparates y boberías, sí. Y con el sol abrasador de la media tarde a cuestas. Siento el paso de los segundos, pliego la boca, reseca. La costumbre me ha traído del brazo hasta las puertas abatibles de La Colmena. La avenida hierve de ruidos de autos, de gentes con prisa. La Abeja Dueña es una enamorada obsesiva de la tradición, la limpieza y la cocina casera a la vieja usanza. En su local sólo hay olores agradables. Le sonrío discretamente. Un breve fulgor malicioso asoma a sus ojos. Se pone mimosa, como si compartiéramos cama y mesa. Posee unos hoyuelos simpáticos en los cachetes y en las rodillas. No usa medias, nunca; sus piernas, poco a poco, se van espesando hasta alcanzar la amplitud venturosa de las caderas. Los comensales, codiciosos, la enturbian con las pupilas. Los movimientos casuales de su andar se emparentan con el éxtasis infinito, explosivo y lisonjero de su cintura. Abro a escondidas, como adolescente, los postigos de la nostalgia. Vuelvo a besar sus pechos, lenta, profundamente. Percibo cómo se va agitando su respiración, cómo va desinhibiendo la dádiva del prestigio mayor de su cuerpo.

—Te necesito con urgencia —parece gritarme el alboroto de su panal incendiado.

Tiene una porfiada manera de encajar su ansiedad en mis manos, como si las intuyera capaces de realizar un prodigio, o como si les exigiera el cumplimiento de un deber supremo.

—Extraño nuestras citas nocturnas —añade humedeciendo sus labios temerarios, con voz suavemente alevosa.

Uno de los bichitos se acerca, anervíosado. Me cuesta distinguir cuál es cuál, son parejamente solícitos, lampiños, cejas delineadas a lápiz. Orgullositos, ambos, y regocijados sin disimulo por su celestinaje. Melindrosito cualquiera de los dos que sea, me comunica, con algo parecido a un guiño cómplice, que la señora de la casa me ha preparado uno de mis platillos favoritos.

—Qué te quita soltarte, ser feliz, aunque sea por un rato ser feliz —me escudriña pícaramente encariñada, ansiosa y errática, ofreciéndome sin obstáculos su abierta disposición para cabalgarnos—. ¿Quieres, mi niño?

Escucho, con un contento excesivo, los balbuceos de su fervorosa docilidad, que mucho tiene de una ternura de antaño. Rememoro confusamente que, alguna vez, sentí su cuerpo como una justificación de mi vida. Pero, ¿fue ella? ¿O fue la sombra antigua que ella me trae a la memoria? O más bien el recuerdo desconocido de alguien que apenas recuerdo, pero que he añorado siempre, con largos insomnios de centinela. Sin embargo, lo que yo quiero, mientras mastico un trozo de pollo a la naranja, es que Abeja Dueña apruebe el indestructible amor que me atormenta por Eloísa. Un amor construido a fuerza de voluntad y esperanza.

—Dime que sí, querido —su entonación de ruego suena sin convicción, entre halagüeña y quejumbrosa, medio incómoda, medio intrigada.

Bruscamente, tomo la decisión de largarme. Tendré que pedirle a la sonrisa de los ojos de Beatriz que me llame por teléfono para platicarle de esto que pasa en mi corazón, del recuerdo tanto tiempo desaparecido, negado, y que ahora renueva sus tiernas porciones de triunfo.

—Es curioso, por decirlo así —es el primer comentario que hace la sonrisa de los ojos de Beatriz. Y agrega, con bondadosa indolencia, o con un breve disgusto—: Los alcances de tu fantasía resultan cada día más seductores.

47

Tejiendo los hilos de la trama que me ocupa esta semana, pienso en un hombre entrampado en el laberinto de sus recuerdos, un viudo que no quiere salir adelante, no quiere asumir las consecuencias de estar vivo, de que aún tiene un quehacer sobre la tierra. Con la mente desgarrada por el asombro, el cuerpo despojado de destino, el corazón perdido en lo más negro de la noche, se mantiene en vilo, en absoluta incredulidad, estupefacto como el sobreviviente de un terremoto que lo ha destruido todo horriblemente, que no ha dejado nada sin romper, sin tirar, sin hacer cerros de desolación donde horas antes había grandiosidad y altivez. Los días se vuelven eternos, pasan iguales, inútiles, sombríos, sin ánimo de nada, sólo estar así, ahí de un lado a otro de la casa, de un rincón a otro, de un recuerdo a otro, llorando, peleando con la impotencia, con la rabia, preguntándose por qué, dejándose morir de alguna manera, morir porque es imposible el olvido, sólo que ¿y si ni con la muerte se olvida, si este padecer tan grande ni la muerte lo quita? Este dolor inmenso, este pensamiento obcecado del dolor: el infierno y sus círculos: el pensamiento en llamas mientras los pasos distraídos y agobiados se repiten por la sala, por el comedor, por el estudio, por la cocina, por los cuartos, abriendo y cerrando puertas, dejando entrar y salir fragmentos de nostalgia, una nostalgia ya cansada de tanto manoseo, de tanta queja llorosa, mirando sus fotos una y otra vez, como si el hecho terco de mirarlas pudiese modificar las cosas, volver el tiempo atrás, lejos del momento de aquella risa terrible que es una quemazón en la memoria, la condena sin fin de la soledad. Después de Eloísa ya no quedaba esperanza de nada, en ningún lado habría paz, en nadie hallaría remedio, la vida se tornó insoportable, perdió todo sentido, no existía escapatoria para esta condena. Rodeado espantosamente de un silencio arenoso que parece lijar su cerebro, duerme mal, la cama le queda inmensamente grande, sueña con insectos que se le meten por las orejas y lo retan a oírlos masticar trozos de pan, se levanta y va a ver a la niña, le quiere dar un beso, pero teme despertarla, descorre las cortinas para que la luna llena inunde la casa, cuántas veces, mirándola, piensa que Eloísa está allá, viéndolo, cuidándolo, haciéndole un poco menos insoportable la soledad, un poco más tolerable el vacío de estar sin ella, lo imagino, lo observo recorriendo la estancia, sentándose donde Eloísa se sentaba, asomándose al jardín, tarareando alguna canción que a ella le gustaba, contemplando, una a una, las fotos que han convertido su casa en una galería, y eso no es sano ni para ti ni para la niña, le dicen todos, familiares y amigos, quítalas, guárdalas en un álbum, es mucho daño tenerlas a la vista permanentemente, no deja sanar la herida, aunque quién dijo que él quiere que sane, si la constancia de los recuerdos es lo que lo mantiene en pie. No se llora unos cuantos minutos durante el velorio y misión cumplida, y otro poco en el entierro y con eso es suficiente, listo, ya pasó, a otra cosa, vamos, la función debe continuar. No, no es así. Para él al menos no lo fue. Se le trabó el mecanismo de la razón, se le atrofiaron por completo todos los engranajes de la conciencia, acosado espesamente por los vidrios rotos de pensamientos y fantasmas belicosos. Durante muchos días, la asfixia era lo único en que se podía ocupar su mente, luego se fue atenuando y ella y él, juntos, comenzaron a ser como protagonistas de un mismo sueño confuso, una ficción aún no completada, una fantasía cada vez más extraña, más irreal. Pero ahora, en este momento, sufre tanto. Está tan solo, a pesar de todos los que lo acompañan. ¿Cuáles son sus remordimientos? Miserable en su desgracia, recorre estupefacto el infierno de sí mismo: él sí puede llorar sin que le pregunten por quién llora, él sí tiene pagado el derecho de sufrir, a él sí se le pueden arracimar los infinitos abrazos de consolación, ofrecerle mil fórmulas para distraerse, para apaciguar su dolor, incluso para satisfacer algún oculto deseo natural. ¿Qué peor ultraje que el de la muerte? Cualquier cosa es válida para soportarlo y salir adelante. Un día despertará y encontrará, por fin, la salida del laberinto. Habrá pasado todo. Ya no será él, será el personaje inventado por otro personaje solitario que lo duplica y lo compadece.

48

—Vengo a quedarme contigo para siempre, Hugo —me dice la criatura tullida, como si nos oyéramos a través de la pared. Su coquetería me parece asombrosamente natural y sencilla, irresistible el pícaro orgullo con que aquerencia los labios para formar mi nombre, radiante la oferta de simpatía en el rubor de su cara. Me siento embarnecido de pura felicidad cumplida.

La tarde, caducando al anémico sol de cobre, empieza a enfriar demasiado, así que enciendo el calentador de gas.

—Sí, Rosaura, para siempre. Ya nadie se interpondrá entre nosotros. Nadie. Sé que está en juego el prestigio del amor, me hago cargo.

Guardo las manos bajo mis piernas, y me balanceo con lentitud atrás adelante, atrás adelante, atrás adelante, dejando a mi garganta orquestar un susurro muy dulce, y comienzo a trotar, 99-98-97—, su cuerpo entre mis brazos como una ramita que se quiebra en dos, la fragancia de su piel discreta y suave bajo los perfumes del jabón, hay tantas cosas de ella que sólo sabe mi cuerpo, podía quedarse dormida con uno de mis pulgares en su boca, mientras yo la contemplaba, 96-95-94, soy un hombre metódico, cabal y eficiente para mi trabajo, indiferente al mundo y sus errores, sus sufrimientos, sus verdades, un descreído de la gente, como perro de ciego, egoísta hasta la integridad, hasta la pureza, 93-92-91, escribir una *minovela* no es un día de campo en compañía de una rubia que aun las hormigas procuran enfilar sobre ella, 90-89-88, tengo un lunar con aspecto de triángulo, en forma de corazón breve, en el centro del pecho, es la única prueba de identidad que llevaré encima el día que me encuentren muerto, a menos que hasta de eso me despoje la bala —a veces me parece verla venir—, la pequeña, la inocente bala que me destruya, 87-86-85, un caballo me da alcance y me obliga a correr con mayor fuerza, con mayor violencia, tropiezo con el ojo inmenso del caballo que descubre el cadáver iluminado de Rosaura, es el ojo del diablo, un ojo imponente y maligno que intenta atraparme, absorber mi energía, vaciarme de mi capacidad vital, anular mi conciencia, 84-83-82, *minovela* dará principio con el impetuoso desastre de Eloísa revolcándose en la asfixia, correr, correr infinitamente, atrancado al brío del caballo musculoso y enorme que expande los orificios de su nariz y resopla y arroja escupitajos de vapor, pero no me vencerás nunca, Hugo Santiago, fanfarronea su aborrecido ojo abultado por el estupor ante mi resistencia, 81-80-79, su crin arremolinada contra el viento, y la circulación de mi sangre impulsando el engranaje de mis piernas rumbo a la robustez alimenticia, la encantadora petulancia de los pechos irremplazables, bravíos y efervescentemente sensuales, apasionados, inconmensurables de Abeja Dueña, tan pletórica de gracia doméstica, 78-77-76, y el animal atroz y yo usurpándonos uno al otro, mis pulmones como volcán a punto de erupción, su ojo y mis ojos relámpagos prodigiosos de odio retándose con espanto, con veneración y lástima, incapaces de contener el inmenso incendio rítmico que propagan nuestras carnes, 75-74-73—, corremos cada quien por los pasillos subterráneos de su propia pesadilla, mientras el vértigo de mi respiración desfonda su alma y se apodera del vientre jubiloso de una mujer que resume a todas las mujeres y que bajo el imperio de mi furor gime de perversa inocencia, de miedo, de asombro, de placer, y lado a lado, supremos, desbocados, la bestia y yo, nuestros esfuerzos antagónicos y semejantes, nuestros espíritus idénticos, nadie nos puede dar alcance, ni exorcizarnos, Rosaura, 70-67-64, ni puede desujetar las espléndidas llamas que nos consumen, Eloísa, 61-58-55, impedirnos continuar corriendo, correr y correr desenfrenadamente 52-49-46, para siempre, para proteger la naturaleza leal, sagrada de nuestro amor, gracias por haber querido tanto a Eloísa, me dice Rosaura, para ganarle la carrera a este caballo alucinado que quiere humillarnos con la astucia de su ojo saltón y loco que arde como una brasa y me ve como si estuviese viendo visiones, 44-42-40, y Beatriz, lindísima ella, sonríe con aire nostálgico y digno y me muestra el camafeo que refulge en su mirada y con modestia casi perfecta, con una última piedad, me advierte No sé si te volveré a llamar, 38-36-34, correr y correr y correr, para vencer las amenazas del minucioso infierno, correr y correr sin desmayo hasta que por fin todo se encuentre otra vez en su lugar, en un momento de ayer que no ha ocurrido todavía, 32-30-28, me despreocupo de la grata confesión del caballo, que murmura a mi oído, como con mucho sueño, que está viejo, que no comprende la vida, que no ama a nadie, y yo alzo el volumen de mi risa que alcanza, junto con la arbitrariedad de la asfixia, el prestigio de la desesperación y el misterio, 27-26-25, nada se interrumpe jamás, ni termina, ni el mundo tiene un destino preciso, aunque *minovela*, con indudable claridad feliz, ya lo tiene, eso sí, 24-23-22, el caballo y yo respiramos con alivio, es la hora de comenzar: Ningún recuerdo es importante...

Todos los personajes de estas historias
tienen un grave defecto:
Nunca existieron.